JN106752

成功をめざす人に知っておいてほしいこと

Rick Pitino

リック・ピティーノ

弓場隆 訳

SUCCESS IS A CHOICE

Ten Steps to Overachieving in Business and Life

Discover

「成功に値する人」になろう

第二次世界大戦のさなか、イギリスのチャーチル首相は国民にこう呼びかけました。「勝利を祈ることはすばらしい。しかし、本当に大切なのは、勝利に値することだ」

「勝利に値する」とは「成功に値する」と言い換えることができますが、そもそもそれはどういう意味でしょうか？

長期にわたって努力を積み重ね、血と汗と涙を流しながら代償をすすんで払う人だけが、成功を手にする価値があるということです。

どんなことを成し遂げるうえでも、努力は不可欠な要素です。それがなければ、他のすべてのことは意味がありません。夢や目標や理想を持って何かに取り組むことはすばらしいことです。しかし、それが実現する前に、私たちは「成功に値する人」にならなければならないのです。

すぐに欲望を充足させようとする風潮の中で、こんな考え方は古いと思うかもしれません。しかし、スペースシャトルのような驚異的な業績が成し遂げられたのは、人々が長期にわたって一生懸命に努力を積み重ねたからです。

どの偉大な組織、チーム、人々をとっても、「ひたむきな努力」が共通項として浮かび上がります。それは成功の絶対条件です。努力に関する限り、妥協の余地はありません。

ひたむきな努力なしに成功する方法というのは偽物です。

偽物の成功法則は毎日いたるところで目にします。手っ取り早くお金が儲かる方法、苦労せずに痩せる方法、などなど。簡単な方法に従えば問題がたちまち解決するという、聞こえのいい宣伝文句が特徴です。

しかし、近道を通ろうとするとうまくいきません。結局、近道は成功への道ではないのです。どんなことでも、それが有意義なことであるなら、ひたむきに努力しなければ決して達成することはできません。どうか、このことを肝に銘じておいてください。

心をこめて、常に全力を尽くす

自分がひたむきに努力しているかどうか、どうすればわかるでしょうか？

それは他の人にはわかりません。しかし、それでいいのです。重要なのは、自分がひたむきに努力していると確信することです。最終的には、それが強みになります。試合で接戦になったとき、日頃ひたむきに努力し、たくさん汗を流してきた人やチームが勝利を収めます。なぜでしょうか？

自分が成功に値すると信じることができるからです。相手より多くの汗を流してきたからこそ、自分の勝利を確信できるのです。

私が何年もバスケットボールの監督をしてきたなかで、態度の悪い選手はたしかにいました。たとえば、自分のことばかり考えている選手、チームの方針に異議を唱える選手、自分のやり方を通そうとする選手がそうです。

しかし、それはまだ大目に見ることができます。どうしても見逃すことができないのは、ひたむきに努力しない選手です。本人が必死で努力する限り、私は何もとがめません。

意外に思うかもしれませんが、コートでの態度は仕事や人生にもあてはまります。

あなたは成功したいですか？

たしかに、成功をめざすのはすばらしいことです。しかし、成功をめざすからには、成功に値する人にならなければなりません。

どうやって？

人の何倍も努力することです。**小さなことであれ大きなことであれ、一生懸命になることです。**これで十分だと思っても、さらにもっと努力することです。何をするにしても、心をこめて常に全力を尽くすことです。

もちろん、それは簡単なことではありません。成功は幸運や偶然によるものではなく、「自分は成功に値する」という確信を得るためのひたむきな努力の賜物なのです。

生涯の勝者になる秘訣

私が学んだ最も重要なことは、コートの中であれ外であれ、業績をあげる秘訣は同じだということです。不可能だと思っていたプレーに挑戦している選手、営業成績を伸ばそうと頑張っているビジネスマン、自分の人生を改善しようとしている人など、すべての人に同じことがあてはまります。

財産、権力、充実感、良好な人間関係など、人によって成功の意味はさまざまですが、誰もが成功したいと思っていることは共通しています。どんなに悲観的な人でも例外ではありません。人はみな潜在能力をぞんぶんに発揮し、なんらかの形で業績をあげ、明るい未来を切り開きたいと願っているものです。

私はこの数年間、どん底から這い上がって成功を収めた人をたくさん見てきました。彼らは自分でも不可能だと思っていたことを成し遂げたのです。しかしその一方で、成功の美酒に酔って怠け癖がつき、前途有望だったのに栄光から転落した人も見てきました。状況が厳しくなったとたん、言い訳をしてあきらめる人もいました。残念ながら、それらの特徴は、「生涯の勝者」には決して見られないことです。

このように大勢の人の経験を目の当たりにして、自己啓発書を書く準備ができたと感じました。私はこの本を通じて成功の秘訣を伝授したいと思っています。

人はみな夢を実現したいと思っていますが、低迷の原因すらわからずに不調が続いている人が少なくありません。目標を掲げているのに努力が実らず、さまよっている人がたいへん多いのが現状です。

誰もが業績をあげたいと願っています。**誰もが自分の価値を高めたいと思っています。**

ただ、その方法を知らない人があまりにも多いのです。

これから、仕事と人生で業績をあげるための規律を確立し、自分と相手の自尊心を高め、逆境を乗り越える方法を紹介します。それに従って行動を起こし、ぜひ目標を達成してください。この本がみなさんの案内役になることを願っています。

リック・ピティーノ

第1章 自尊心を高める

第2章 高い目標を設定する

第3章 常にポジティブでいる

第4章 良い習慣を確立する

第5章 コミュニケーションの技術を習得する

第6章 ロールモデルから学ぶ

第7章 プレッシャーの下で活躍する

第8章 徹底的に粘り抜く

第9章

逆境から学ぶ

第10章 成功した後で生き残る

※本書は2010年に小社より刊行された『成功をめざす人に知っておいてほしいこと』を新版化したものです。

SUCCESS IS A CHOICE:
Ten Steps to Overachieving in Business and Life
by Rick Pitino with Bill Reynolds

Copyright © Rick Pitino 1997
Japanese translation rights arranged with Vigliano Associates Ltd.
through Japan UNI Agency, Inc., Tokyo

第 1 章

自尊心を高める

1

自尊心とは「自分を尊敬し信頼する姿勢」のこと

自尊心とはたんなるプライドのことではなく、自分に対して価値を感じる気持ちのことです。「謙虚な姿勢で自分を尊敬し信頼する姿勢」と定義できると思います。

私は監督としての長年の経験から、自尊心の高い人は偉大な業績をあげることを発見しました。彼らは自分を励まし、長期的な目標を設定し、夢を実現します。進んでリスクをとり、物事を成し遂げます。

それとは対照的に、自尊心の低い人は目標が定まらず、すぐに挫折してしまうのが特徴です。能力があるのに業績をあげることができず、規律に従わず、物事を途中で投げ出し、絶えず不満を言い、批判に屈しやすく、他人をうらやみます。自尊心の低い人は精神的に弱く、失敗するように自分を設定しているので、そんな人と一緒に仕事をして業績をあげるのは至難のわざです。

低い自尊心は、その人の成功を阻むおそれがあります。もしあなたがそんな精神状況にあるなら要注意です。

それは個人だけでなく、どんな組織にもあてはまります。私の経験では、チームがリードして前半を終えると、選手たちは自尊心が高まっていますから、ハーフタイムで厳しく接しても冷静に受け止めるだけの気持ちの余裕があります。

しかし、前半でチームが負けていると、選手たちは自尊心が低くて精神状態が不安定になっていますから、私はあまり厳しいことを言わないようにしています。そんなときに選手に必要なのは、自尊心を高める励ましの言葉なのです。

このように自尊心の重要性を無視することはできません。自尊心が低いと委縮してしまい、業績をあげることができにくくなるのです。

自尊心の高い人は試合だけでなく職場でも活躍します。彼らは会社の業績を伸ばし、苦しいときでも踏ん張ってピンチを脱することができます。それに対し自尊心が低ければ、業績をあげることはまずできません。

2

自尊心が成功の土台になる

マーク・ジャクソンは、私がニューヨーク・ニックスの監督をしていたときにドラフト18位で獲得した選手でした。ドラフト18位というのは、17チームから獲得を見送られたことを意味しています。こういう選手を雇うのは危険な賭けで、スカウトは「足は遅いし、シュートは下手だし、ディフェンスもろくにできない」とこぼしていました。

しかし、私はせっかく獲得したのだから大いに活躍してもらおうと思い、マークの自尊心を高めることにしました。そこで、絶えず励まし、猛練習をさせ、「自分は成功に値する」と確信させることによって自尊心を高めるよう配慮したのです。

ところが、地元のメディアが彼をさんざんこき下ろしたため、本人はそれを知って自信をなくし、「やっぱり自分はダメだ」と思い込みました。自信を喪失した多くの人と同様、彼は他の選手をねたみ、「自分だけが取り残されている」という焦りを感じ、「自分の力では道を切り開くことができない」と絶望していました。

そこで私は、彼に自信を取り戻させるために強みを意識させる指導をしました。まず、チーム全員の前で「マークは新人王になる見込みがある」と宣言したのです。本人は当惑していたようですが、パスの能力、リーダーシップ、カリスマ性という彼の強みを伸ばし、スカウトが指摘した弱みを補うよう指導したのです。そうやって彼に自信を植えつけ、自分でも思っていないくらい高いレベルにまで到達することを期待しました。

私はマークに「君は私が最も欲しかったポイントガードだ」と何度も繰り返し、自尊心を高め、自信を持たせるように指導しました。すると彼はみるみる成績を伸ばして、ついにＮＢＡの新人王に輝いたのです。

自尊心を高めなければ、このようなことは不可能だったと思います。マークは朝から晩まで猛練習をし、技術を磨き、努力を積み重ねました。そうすることでますます自信がつき、成功の好循環が始まったのです。私が「今度はオールスターをめざせ」と言うと、彼は一笑に付しましたが、翌年は本当にオールスター出場を果たしました。

3

「自分は成功に値する」と確信できるか

マーク・ジャクソンの例は自尊心の大切さだけでなく、自尊心のもろさの典型でもあります。私がニューヨーク・ニックスを去った後、彼は精神的支えが得られなくなり、メディアからも叩かれて強みを発揮できず、弱みのために自滅するようになったのです。

翌シーズンの終盤にはレギュラーの座を奪われ、他のチームにトレードに出されました。その後もＮＢＡでプレーを続けていますが、最初の二年間のような活躍ができずに低迷しています。

これはすべての人にとって貴重な教訓だと思います。高い自尊心は大きな業績につながるのです。

マークの例は、すべての人が自己イメージを改善し、「自分は偉大な業績をあげることができる」という信念を持つ必要がある証しです。自尊心とはそれくらい重要なのです。それがなければ、潜在能力をぞんぶんに発揮することはできません。

絶望して低迷を続けたいと思っている人はいません。自分には道を切り開く力がないと感じたがっている人もいません。潜在能力を発揮できず、落ちぶれていく自分を楽しみたいと望んでいる人もいません。

人はみな自分の人生をコントロールし、成功に向けて前進していると感じたがっています。そしてそれは自尊心を高めることから始まるのです。自尊心が高まり、自信がついてくれば、業績をあげる方法を学んで実践することができます。

実際の人生では、人前で褒めてくれる人はなかなかいません。人生はスポーツと似ている点も多々ありますが、違う点もあるのです。

では、どうやって自尊心を高めればいいのでしょうか？

まず、鏡をのぞき込んでください。そこに映った人物をごまかすことはできません。その人物はあなたのことをよく知っています。あなたの自尊心の大部分は、自分と正直に向き合い、「自分は成功に値する」と確信できるかどうかに左右されるのです。

4 人のせいにしているうちは伸びない

プロビデンス大学の監督に就任したとき、多くの選手を引き継いだのですが、その中にビリー・ドノバンという選手がいました。すでに二年間チームに所属していましたが、大した活躍はしていませんでした。原因は太りすぎて動きが鈍かったことです。

面談の際、ビリーが「バスケットが好きだから、うまくなるためなら何でもする」と言うので、私は「それなら、なぜ十キロも体重がオーバーしているのか？」と尋ねました。すると彼は、「良い選手が多くて練習に参加させてもらえないから」と答えたのです。

ビリーは気づいていなかったのですが、彼は自分の過失を人のせいにしていました。なぜなら、練習に参加させてもらえないから太ったという理屈をこねて、自己管理の甘さを前監督の責任にしたからです。

これは、業績をあげていない人によく見られるパターンです。業績不振にあえいでいる人は、必ずと言っていいほど人のせいにします。

私は「そんな言い逃れは聞きたくない。君はうまくなるためなら何でもすると言ったではないか。本当にやる気があるのなら、言い訳をせずに必死で努力しろ」と檄を飛ばしました。そしてじっくり話し合いながら、一緒に減量計画を練ったのです。

オフシーズンが終わって練習に戻ってきたとき、ビリーは別人のようでした。体重を落として俊敏に動けるようになっていましたし、表情にも自信があふれていたのです。自主トレでひたむきに努力したことは一目瞭然でした。彼は努力が実を結んだことを実感し、高い自尊心を持つようになっていたのです。

その後の二年間、ビリーは東部学生リーグのオールスターに選ばれ、卒業後はＮＢＡ屈指のポイントガードとして活躍しました。

ビリーが学んだ教訓はバスケットボールだけでなく、私たちの日常生活にも応用できます。**業績をあげている人はたんに運がいいのではなく、ひたむきに努力しているのです。**言い換えれば、幸運は努力の賜物であるということです。

5

努力が道を切り開く

業績をあげていないとき、それを正当化する要因はいくらでも見つかります。たとえば、「景気が悪い」「競争が激しい」「仕事が厳しい」「いい仕事がない」「責任が重い」「コネがない」「学歴がない」などなど。

以上のセリフを耳にしたことがありませんか？

あなた自身、そのどれかを口にしたことがありませんか？

おそらく、あるはずです。なぜなら、それは人間の心理だからです。人はみな自分の気分を良くするために、ついつい言い訳をしてしまうものです。

言い訳は簡単に思いつくので便利ですが、そのどれもが負け犬根性を表現しています。

しかし、成功するためには、そのような負け犬根性はぬぐい去らなければなりません。

うまくいっていない人のもう一つの特徴は、人のせいにすることです。先の例で言うと、ビリー・ドノバンが肥満の原因を前監督のせいにしたのがそうです。

多くの人は絶えず人のせいにしています。たとえば、「上司が悪い」「配偶者が理解してくれない」「同僚が助けてくれない」「チームメートがふがいない」などなど。

こういう姿勢の根底には、自分がうまくいかないのは人のせいだという思い込みがあります。

うまくいっていないのは自分の責任であることに気づいたのは、ビリーにとって大きな前進でした。自分に起こることは自分次第でなんとかなると悟ったとき、彼は自分の持っている力に目覚めました。他人にすがらなくてもいいと感じることはすばらしい気分です。

私たちが成功するかどうかは自分にかかっています。私たちは自分の船の船長なのです。

私たちは自分の命運を握っています。

したがって、運に頼らなくても、自分の努力によって道を切り開いていくことができるのです。私たちはみな、それをする力を持っています。

6

どんなに批判されても信念を貫く

うまくいっていないと、自分だけが取り残されたような気分になるものです。成功している人を見ると、すべてが順風満帆で楽に生きているように思えてきます。

しかし、実際はそうではありません。人はみな失敗と挫折を繰り返しながら生きているのです。はた目にはそう見えない人でも例外ではありません。

三十歳代半ばでニューヨーク・ニックスの監督になったとき、私は子どものころから大ファンだった地元チームを率いることができて夢が実現したと思いました。

しかし、現実はそんなに生易しいものではありませんでした。低迷していたチームを立て直すために、大学のバスケットでよくやるオールコートプレス（コート全面を使って相手にプレッシャーをかけるディフェンス）を使ったところ、メディアにさんざん叩かれたのです。「プロは毎晩のように戦うので、そんなことをすると選手が疲れてしまう」と批判され、チームのゼネラルマネジャーからも同じ意見を聞かされました。

当初、私は自信にあふれていましたが、絶えず批判されているうちに落ち込みました。その状態はシーズン終了まで続きましたが、私はやり方を変えず、最終試合でプレーオフ進出が決定してやっとメディアに認めてもらうことができたのです。

私はこの経験を通じて貴重な教訓を学びました。自分を疑わず、信念を持って職務をまっとうすることの大切さを理解したのです。私の役割は勝つチームづくりをすることで、批判に屈服して信念を曲げることではありませんでした。

ただし、どんな批判も無視すればいいわけではありません。自分のやり方に問題があれば改善しなければなりません。実際、私は次の年にやり方を少し修正しました。

大切なのは、リスクをとることです。批判する人がいても、自分の信じることを思い切ってやってみなければなりません。そうすることで、自分の職務をまっとうすることができます。**多くの人は苦しいときに辛抱できず、ついつい楽な道を選んでしまうものですが、そんなときこそ辛抱して信念を貫くことが重要なのです。**

7

間違った努力をしない

自分の人生を変えようとするとき、私たちは自分の強みと弱みを正しく認識しなければなりません。私は多くの選手を指導して、それを学びました。しかし、それは選手だけでなく、誰もがしなければならないことです。私たちの任務は、自分の強みを最大限に発揮し、弱みを最小限に抑えることです。

たとえば、売るのが向いていないのに営業担当になろうとする人をよく見かけますが、そういう人は自分の強みと弱みがわかっていません。

スポーツを例にとると、あまりにも多くの選手が自分の強みを生かそうとせず、間違った努力をしているのが現状です。

以前、高校時代に注目を浴び、大学に入ってからも将来プロになることを嘱望されていた選手がいました。ゴール下のプレーが得意だったのですが、一部の人から「プロのスカウトに印象づけるためにロングシュートを練習しろ」と言われてロングシュートにこだわり、結局うまくいきませんでした。

私たちはみな得手不得手があります。世の中はさまざまな才能と技術を持った人たちから成り立っていますから、自分が得意なことで才能を発揮するのが一番いいのです。不得意なことで業績をあげようとすると、うまくいかずに自尊心がズタズタになるおそれすらあります。その結果、「自分はダメな人間だ」と思い込みやすいのです。

しかし、自分の強みを生かすようにすれば、その分野で大きな業績をあげることができます（とはいえ、自分の弱みを見極めて克服する努力もしなければなりません）。

その点、シカゴ・ブルズのデニス・ロッドマンは利口でした。彼はリバウンドが自分の強みであることを認識し、それを中心に自分のプレースタイルを確立しました。そしてシュートの得意なマイケル・ジョーダンにパスを回してチームの得点力に貢献したのです。

私たちも強みを生かして自分の役割を確立し、それを自信につなげる必要があります。そうやって長所を伸ばせば、自分を劇的に変えていくことができるのです。

8

年をとればとるほど、変化を求める必要がある

自分を変えることに関しては、年齢はなんの言い訳にもなりません。それどころか、年をとればとるほど、私たちは変わらなければならないのです。

変化のおかげで新鮮さを保ち続けることができます。変化はマンネリを防止し、若々しさを維持するのに役立つのです。

このことはとくに、変化の激しい今日のビジネス環境にもあてはまります。年齢を言い訳にすることはできません。「従来のやり方になじんでいるから、今さらこの年齢で変えることはできない」などという主張は通用しないのです。時代に適応するか取り残されるか、どちらかしかありません。

もちろん、それはたやすいことではありません。若いときは柔軟性がありますから変化

に適応することは容易で、新しいことをいくらでも試すことができます。

しかし、年をとるにつれて自分のやり方が固定し、それに固執することに快適さを感じるようになるのです。そうなると、もうリスクをとりたくなくなります。リスクをとることは怖いですし、従来のやり方を続けるほうが簡単に思えてくるのです。


しかし、私たちはそのような恐怖に立ち向かわなければなりません。「自分には変化を遂げるだけの才能も知恵も価値もある」と自分に言い聞かせるのです。今日のような厳しいビジネス環境では、時代のニーズに合わせて変化を遂げる以外に繁栄の道はありません。

何歳になっても情熱を燃え上がらせ、挑戦を続けましょう。そのための努力を積み重ねることによって自尊心を高めることができます。そしてチャンスが訪れたときに準備ができていれば、新たな飛躍を遂げることができます。

これはすべての人にあてはまることです。

変化を起こして人生を変えるのに遅すぎることはありません。私たちはそのことを肝に銘じる必要があります。

9

ひたむきな努力が自尊心を高める

自尊心には落とし穴があります。私たちは自尊心に値しなければならないのです。計画を立て、規律に従い、勝つ準備ができて初めて、自分を高く評価することができます。言い換えれば、「自分は成功に値する」と確信できて初めて、自尊心を高めることができるのです。

成功に値しない人の自尊心を高めようとしても逆効果です。これは多くの親と教師が犯しがちな間違いです。彼らは自尊心が大切だと聞かされて子どもの自尊心を高めようと躍起になります。

しかし、目標を持たずにテレビばかり見て、規律に従わない子どもに「すばらしい子だ」などと言うことは有害です。たとえ親が善意でそうしても、その子どもは幻想を持つだけですから、現実の壁にぶち当たって必ず失敗することになります。

そういう子どもは褒めるに値しません。なぜなら、成功に値するようなことは何一つしていないからです。努力しなくても成功するという幻想を与えることは、決して子どものためになりません。

このことは大人にもあてはまります。**自分は成功すると信じても、そのための努力をしていないなら、夢は永久に実現しません。**ちょうど、テレビばかり見て勉強しない子どもが「いつか医者になる」と信じても、夢は実現しないのと同じです。

以前、私が自尊心に関する講演をした後、参加者の一人が近寄ってきて「おかげで、いいことが起こりそうです」と言いました。しかし、私はその人のことを思い、「あなたは信念を持ち、行動を起こし、努力を積み重ねなければなりません。それをするまで、あなたの自尊心は本物ではありませんよ」と明言しました。その後、その人は奮起して行動を起こし、ひたむきに努力をして成功を収めました。

このように、自尊心というのは、自分がそれに値すると確信できて初めて本物になります。その時点でようやく自尊心は意義のあるものになるのです。

10

人前で相手を叱るのは禁物

スポーツのチームも会社の組織も軍隊ではありません。軍隊なら上官が権限を行使して部下に言うことを聞かせることもありますが、一般社会ではそういうやり方は通用しないのです。そんな高圧的な態度では反発を招いて士気が低下するだけです。

注意点を二つ指摘しておきましょう。

まず、他の人のいる前で相手に恥をかかせてはいけません。これは組織のリーダーであってもなくても同じことです。また、上司であれ親であれ、それは決して好ましいことではありません。

私がそれを学んだのは、ニューヨーク・ニックスの監督だったときです。当時、パトリック・ユーイングというスーパースターがいました。練習熱心で、チームプレーに徹し、しかもムードメーカーですから、監督からすると頼もしい存在です。ＮＢＡのスター選手は周囲からちやほやされて傲慢になりがちですが、パトリックはいたって謙虚でした。

しかし、他の選手の前で彼に注意をするのは絶対に禁物です。人前で叱られるとプライドが傷つき、やる気をなくしてしまうのです。叱るときはいつも監督室に呼び、どこをどう直して、どんなプレーをすべきかを一対一で説明しました。

じつは、この点についてはパトリックだけの傾向ではありません。**人はみなプライドを持っていますから、それを人前で傷つけられることをとても嫌うのです。**

もう一つの大事なことは、何かをさせるときに、相手にその理由をわかりやすく説明することです。「とにかく指示に従え」というような指導法では時代遅れです。そんな昔ながらのやり方では、今はもう誰もついてきません。

そんなわけで、私は選手に厳しい練習をさせるときは、どんな目的でそれをするのか、それをするとどんな効果があるのかを説明しました。「俺の言うとおりにしろ」というやり方では今の選手にそっぽを向かれるだけですから、そういう態度は改めなければならないのです。

11

士気を高める五つのルール

リーダーとして、組織の士気をどうやって高めればいいのでしょうか。成功に値するために、どうやって人々の自尊心を高めればいいのでしょうか。

チームであれ会社であれ、組織を成功に導くには五つのルールがあります。

1　一人ひとりが「自分は重要な役割を果たしている」と感じるのを手伝う。リーダーは、全員が「自分は組織の成功に不可欠であり、全体を構成している大切な存在だ」という気持ちになれるよう配慮しなければなりません。

2　組織が重要な使命を担っていることを強調する。リーダーは、一人ひとりが「自分は組織の一員である」と感じるだけでなく、「重要なことに参加している」と実感できるよう配慮しなければなりません。

3

一人ひとりの努力を高く評価する。リーダーは、一人ひとりが努力していることを認め、それを評価していることを言葉と態度で常に本人に伝えなければなりません。何も言わず、何もしなくても、本人はわかってくれていると思うのは危険です。

4

組織の中で目立たない立場の人を大切に扱う。リーダーは、チームの控え選手とか会社の受付係や清掃係といった人たちをないがしろにせず、他の人たちの前で彼らの貢献を指摘する必要があります。

5

人々を前向きにすることの重要性を忘れない。不満を抱いている人がいると、周囲の人に悪影響を及ぼすおそれがあります。やがてその不満が全体に蔓延し、組織の勢いをそぎかねません。リーダーは、ポジティブな労働環境の整備に尽力する必要があります。

やる気を奮い立たせてくれた人

指導されている者にとって欠かせないのは、指導している人が自分のことを本当に思ってくれていると感じることです。それが私とピティーノ監督との関係で、それは今でも続いています。

私はプロビデンス大学の選手だったときに猛練習をさせられましたが、ピティーノ監督が私のことを思い、選手としてだけでなく人間としても向上するのを手伝ってくれているという確信がいつもありました。それは私だけではありません。選手たちはみな監督に大切にしてもらっていると感じ、すすんで一生懸命に努力したものです。

私はそれまで周囲の人たちから、「動きが鈍いので成功しない」と言われていました。しかし、ピティーノ監督は「君が持って生まれた才能を最大限に発揮するために一緒に頑張ろう」と言ってくれたのです。

ピティーノ監督は私を励まし、自尊心を高めてくれました。ひたむきに努力すればするほど自信につながることを実感し、努力するのが楽しくなったのを覚えています。こうして来る日も来る日も猛練習に明け暮れました。

三年生のときに一試合平均15得点を挙げたころ、夏休みの前に監督室を訪れました。二年生のときはほとんど試合に出られなかったので有頂天になっていたのです。そんな私を見て、ピティーノ監督は「活躍できた要因を忘れるな」と言いました。

つまり、夏休みに実家に戻っているあいだに気をゆるめてはいけない、休暇中も努力を継続しろ、という意味です。

現在、私はフロリダ大学の監督として、選手たち一人ひとりが才能を最大限に発揮するのを手伝っています。もちろん、「言い訳をするな」というピティーノ監督の教えも忘れません。私が成功を収めることができたのは、ピティーノ監督の指導のおかげです。

——ビリー・ドノバン

(プロビデンス大卒、元NBAユタ・ジャズ所属)

KEY POINT
キーポイント

自尊心は成功に不可欠です。あなたは自分に自信を持ち、業績をあげることができると確信しなければなりません。

1 自尊心は成功に直結していることを認識する。規律に従い、しっかり努力すれば、自然と気分が良くなります。

2 自分の人生をコントロールする。成功するか失敗するかは自分次第です。

3 人生を変えることは、短距離走ではなくマラソンであることを認識する。うまくいかずに、途中で疑念が生じることは誰にでもあります。そんなときこそ、自分の行動計画に従って、忍耐強く取り組まなければなりません。

4 人生を変えるのに、年齢制限はないことを認識する。何歳になっても変化することは可能であり、しかも不可欠です。

5 自尊心は努力から生まれることを肝に銘じる。自尊心が高まれば自分への要求も大きくなります。

第 2 章

高い目標を設定する

12

中途半端な夢を持つな

どんなに悲観的な人でも夢を持っています。そういう人は自分でそれを認めないかもしれません。しかし、人はみな、「自分は特別な存在であり、潜在能力をぞんぶんに発揮して大きな業績をあげることができる」と信じたいのです。

人はみな夢を必要としています。夢はより良い未来のビジョンを与え、心に火をともしてくれます。過酷な現実に打ちのめされても、前進する勇気を与えてくれます。

ほとんどの成功者は夢を持つことが大好きです。彼らはもともと凡人ですが、いつも大きく考えて業績をあげることをめざしています。**夢を持つ人は平凡な人生では満足しません。なぜなら、中途半端な夢なんて持ちたくないからです。**

子どものころ草野球をしていたとき、誰も一塁打を打ちたいという夢を持っていませんでした。おそらく誰もがワールドシリーズに出て決勝のホームランを打つという壮大な夢を持っていたはずです。

苦しみと挫折を味わうばかりで、能力を発揮できずに終わる人生を夢見る人はいません。人はみな、大きなことを成し遂げる夢を見ています。

灰色の人生を夢見る人はいません。人はみなバラ色の夢を見ています。このように、誰もが夢を見ることが大好きなのです。

しかし、すでに述べたように、ひたむきに努力して規律に従わなければ、どんな夢もたんなる空想にすぎず、いつまでたっても実現しません。

夢をかなえるには努力しなければなりませんが、問題は、ほとんどの人がどこから始めていいかわかっていないことです。

数年後、重役に昇進する夢を持っている人もいることでしょう。小説を書く夢を持っている人もいるかもしれません。しかし、それらの夢をかなえる方法がわからない人があまりにも多いのが現状です。

まず、夢の内容を具体的にすることから始めましょう。それが目標です。それについては次項で説明します。

13

夢を具体的な目標に落とし込む

夢と目標はどこが違うのでしょうか?

夢は最終地点です。目標はそこにいたる方法です。

夢は、長い旅を終えてどこにたどり着くかというビジョンです。目標は、そのビジョンを現実にするために必要な一つひとつのステップです。

夢は、めざすべき理想であり、実現したい新生活です。目標は、達成すべきことを明確に示す日々の青写真です。

このように夢と目標は違うのですが、この二つは密接に関連しています。

大きな夢を持つことはいつでもできますが、長期的な成功は毎日達成する小さな目標の集大成です。私たちは目標を必要としています。それは日々の課題を設定してくれるからです。

目標は優先順位を決定してくれます。目標を設定することは、成功を収めて夢をかなえるための絶対条件です。

たとえば、大企業で昇進したいのだけれど、競争が激しくて悲観的になっているとしましょう。あなたの夢は出世ですが、願っているだけでは夢は実現しません。

あなたがしなければならないことは、夢を細分化して課題をリストアップすることです。そのリストを見れば、チームをまとめ、生産性を高め、一生懸命に働く熱意のある人材が求められていることがわかります。

それらの資質を身につけることが、あなたがめざすべき目標です。

まず、上司の興味をひくことです。一生懸命に働いて給料以上の業績をあげていることを証明するのです。そのための一つの方法として、早く出社して仕事に打ち込むことが考えられます。次に、チームワークを重視し、周囲の人たちが働きやすい環境をつくる能力があることを示さなければなりません。

要するに、具体的な目標に落とし込むということです。目標はたんなる願い事ではなく、明確な行動計画であり、旅に出かける前に調べる地図なのです。

14

大事なことを先延ばしにしていないか

成功するには努力が必要だという事実を突きつけられると、ほとんどの人はそれまでよりも頑張るようになります。それはすばらしいことですが、最も難しいのは自分の弱みを把握し、それを克服するための目標を設定することです。

多くの人は自分に弱みがあることを認めようとしません。だから、それを覆い隠して自分と他人を欺こうとします。つまり、現実を直視するのが怖いのです。

自分の弱みを認めることができない人を見抜くのは簡単です。彼らは言い訳ばかりして、大事なことをいつも先延ばしにします。この傾向は大なり小なり誰にでもあるのですが、それを克服しなければ時間と労力を空費し、チャンスを逃すことになります。行動を先延ばしにすることは、業績を先延ばしにすることになるのです。

そこで、弱みを克服するのに役立つ目標が必要になります。乗り越えやすい弱みなら改善するのは簡単ですが、先延ばしや責任回避のような厄介な弱みなら、それを克服するための明確な目標が必要になります。

もし大切なことを先延ばしにする傾向があるなら、その日にすべきことを三つ書きましょう。たとえば、不満の多いクライアントに電話をする、来週の会議のための資料を早めに作成する、朝すっきりするために近所を散歩するといったことです。

先延ばしにしたいことをやり遂げるよう自分を律することによって、自分が弱みを克服するために努力していることを実感できます。

要は、達成可能な目標を設定することです。一日で変身するような不可能な目標ではなく、日々の成功を積み重ねることが重要です。**長期的な成功は日々の小さな勝利が積み重なったものであることを肝に銘じましょう。**

先延ばしにしがちな三つのことを毎日やり遂げるという目標を達成できたら、その数を少しずつ増やしていくのです。この方法なら、やがて自分の弱みをすべて克服することができます。

15

短期的な目標を次々と達成する

夢を追い求めるための目標設定の仕方を紹介しましょう。

まず、どんな夢であれ、それを実現するのに必要なことを段階的に書き出します。なるべく多くの要素に細分化しましょう。そしてそれを一つずつクリアしていけば、時間はかかるかもしれませんが、やがて夢を実現することができます。長期的な野心を実現する秘訣は、多くの短期的な目標を達成することなのです。

辛抱強く努力を積み重ね、成功するための新しい行動様式を確立する必要があります。適切な計画を立てて規律に従っているのですから、失敗は改善のためのプロセスであり、最終的に必ず成功につながるという信念を持たなければなりません。

設定している目標が高すぎて実現できないこともあるので、その場合は途中で少し修正しなければなりません。しかし、たとえ目標を達成できなかったとしても、大きな満足につながるものです。

なぜでしょうか？

ひたむきに努力するからです。自分を磨くために努力することが、自分のレベルアップにつながります。レベルアップするたびに自分を褒めましょう。どんなに小さな業績でも誇りに思えばいいのです。

すでに明らかなように、努力こそが成功に不可欠な要素です。**短期的目標に向かって努力することは、自分を強くするための訓練なのです。**

小さな成功は大きな成功につながります。短期的目標を達成すると、もっと大きなことを達成したくなります。その向上心が長期的目標につながるのです。短期的目標を次々と達成することによって、出発点よりもはるかに前進していることに気づくはずです。

16

低い目標を達成して満足してはいけない

非現実的な目標を設定するのは得策ではありませんが、私たちは常に自分を駆り立てなければなりません。

重要なことを指摘しましょう。私たちは自分で思っている以上のことができるのです。

大きなことを成し遂げた人はみな、それを経験的に知っています。

私たちはもっとひたむきに努力して、もっと大きな業績をあげることができます。

要は、小さな勝利に満足せず、平凡な自分で妥協しないことです。あなたは、なれる最高の自分になり、潜在能力を最大限に発揮するべきです。

私は大学の監督だったとき、選手たちを個別に呼んで目標について質問し、明確な回答を求めたものです。しかし、彼らはたいてい低い目標しか設定していませんでした。

前章で紹介したビリー・ドノバンの例で説明しましょう。補欠から頭角を現して東部学生リーグのオールスターに選ばれ、卒業後はNBAで活躍した選手です。

初対面の際、彼は「もっとうまくなって試合の半分に出られれば本望です」としか言いませんでした。当然といえば当然です。彼はそのころ低迷していましたから、「学生リーグのオールスターに出場したい」とか「プロになりたい」とは言いませんでした。

つまり、当時の彼は大きな夢を持たず、ちっぽけな目標しか持っていなかったのです。

このように、自尊心の低い人は自分を安売りする傾向があります。目標について語らせると、簡単に達成できることしか言わないのが特徴です。その結果、大した努力もせずにちっぽけな目標を達成して自己満足してしまうのです。

もちろん時にはそれも必要かもしれません。自尊心の低い人は簡単な目標を設定し、それを達成して自信をつけることが重要だからです。しかし、自尊心が高まるにつれて自分への期待を高めなければなりません。

意欲的な人はかなり高いレベルにまで目標を上げ、それを達成する方法を確立します。いつまでも手軽な目標を達成して満足するような姿勢では、いずれ競争に負けて落伍することになりかねません。

17

夢をかなえるための心得

誰でもやめたいと思うときがあります。辛いときはとくにそうですが、自分のしていることに疑問を感じることは誰にでもあります。その兆候は、「最近、どうも楽しくない。こんな思いまでして苦労する価値があるのか」と思うことです。

しかし、それは成功へのプロセスの一部なのです。ほとんどの人はいつも楽しくなければならないと思っていますから、少し辛いことがあると、「これは本当にする価値があるのか」などと思ってしまうのです。

あなたもそういう経験があるでしょう。しかし、そんなときこそ全力を尽くして、その思いと戦わなければなりません。楽しくないときでも、夢をかなえるための代償とみなし、ひたすら耐えなければならないのです。

あなたは成功がプロセスであり、努力がいつも楽しいとは限らないことを認識しなければなりません。

夢を実現することは努力を必要とします。それは簡単ではありません。もしそれが簡単なら、世の中は成功者であふれかえっているはずです。

かつて、『ロッキー』という映画がありました。テーマは、主人公のロッキーが夢に向かってどれだけできるかを見極めることです。ロッキーは生き方を変えて夢を実現するために厳しい練習に耐えました。

あなたはロッキーの姿勢を見習わなければなりません。つまり、努力の先にある褒美を見続けるのです。

スポーツでは精神力がよく強調されますが、それはどの分野でも同じです。精神力は肉体的な強さとは関係ありません。それは、気持ちが乗らない日でも努力を怠らないということです。たとえば、もっと寝ていたいときでもベッドから起きて一日のスタートを切る、明日に延期したいときでもその日のうちに作業を仕上げるといったことです。

精神力とは、楽しくないときでも全力を尽くすことです。辛いときや苦しいときがあっても、歯を食いしばって耐えれば夢を実現できると確信することです。

KEY POINT
キーポイント

目標は、夢をかなえるための手段にすぎません。簡単に達成できる短期的な目標から始めて、向上の習慣を身につけます。成功するにつれて、厳しい目標を設定すると効果的です。

---

1 自分の弱みを認め、それを克服するための短期的目標を設定する。あなたは自分が思っている以上のことをする力を持っています。ちっぽけな成功で満足していてはいけません。小さな成功をより大きな成功につなげることが重要です。そのカギは、潜在能力をぞんぶんに発揮できるような厳しい目標を設定することです。

2 すすんで代償を払う。努力はいつも楽しいとは限りませんが、より成功するために払わなければならない代償です。夢を見すえて「努力が報われる日が必ず来る」と自分に言い聞かせましょう。

3 夢がかなって報酬を得ている姿を思い描く。自分のしていることに疑問を感じるときは、努力が実を結んで恩恵を受けている姿を想像しましょう。

第 3 章

常にポジティブでいる

18

ポジティブな姿勢を維持する

ノーマン・ヴィンセント・ピール牧師はベストセラーとなった『積極的考え方の力』（ダイヤモンド社）という本の中で、「どんな障害や困難があっても絶対に屈してはいけない」と書いていました。さらに、「自分の能力に自信を持ち、創造的で健全な思考を心がけ、平和で幸せで満ち足りた姿勢で毎日のスタートを切るべきだ」と主張していました。

ピール牧師の基本理念は、成功にはポジティブな姿勢が不可欠だということです。

私は監督として駆け出しのころ、間違いを犯しながらそれを学びました。僅差で負けていて残り時間がわずかになるとタイムアウトをとって選手を集め、「いいか、よく聞け。この試合は絶対に落とせない。もし落としたら、明日の練習でしごくから覚悟しろ」と脅してプレッシャーをかけていたのです。

結果はどうだったでしょうか？

選手たちは緊張してミスを連発し、試合に負け、全員がおたがいを責めていました。振り返ってみると、私はネガティブな姿勢で選手たちに接し、彼らが失敗するように仕向けていたのです。当時、接戦の多くを落としていたのも不思議ではありません。

しかし、今は違います。ポジティブな姿勢を貫き、「安心しろ。こういう状況に備えて練習してきたのだから、練習の成果を発揮すれば必ずうまくいく」と選手たちに言い聞かせて自信を持つよう指導し、成果をあげています。

ネガティブになる要因はいくらでもあります。私たちは子どものころから、親や教師、友人、知人から人生の暗い面を見るように言われてきました。さらに、テレビやラジオ、新聞の報道が「社会が悪い、制度が悪い、政治が悪い。人生がうまくいかないのも当然だ」というネガティブなメッセージを発しています。

現代人はその影響を受けて悲観的な人生観に陥りやすく、それを失敗の口実にしがちです。実際、第1章で紹介したように、低い自尊心しか持っていない人は、自分の失敗をいつも人や社会のせいにします。しかし、**私たちはポジティブな姿勢を維持するよう自分を日頃から律しなければなりません。**

19

自分の気分をコントロールする

あなたは誰かに「今日は朝から気分が悪い」などと言ったことはありませんか？

たしかに誰でも気分が悪いことはあります。しかし、自分の気分は自分次第でなんとかすることができます。

少し考えてみましょう。人生の大半は予測不可能であり、自分の力ではどうしようもありません。たとえば天気や景気がそうです。けれども、私たちはみな自分の気分をコントロールすることができます。気分とは自分の心の持ち方の反映です。

では、どうやって自分の気分をコントロールすればいいのでしょうか？

それは減量や昇進などの目標を達成する方法と変わりません。規律に従い、目標に向かって努力すればいいのです。この場合、ポジティブな姿勢を身につけるように鍛錬することなります。一例として、職場の誰かが「調子はどうだい？」と聞いてきたら、「すごくいいよ」と答えるのです。

もちろん、いつも最高の気分でいることはできません。しかし、ネガティブな答え方をして、わざわざ相手を巻き添えにする必要はないのです。

私たちは朝起きたときに自分の気分を選ぶことができます。それはごく単純なことです。爽やかな気分で目覚めて、それを持続させればいいのです。その反対に朝から不機嫌でいることもできますが、そんなことでは誰からも相手にされません。

もちろん、現実を無視して毎日を能天気で暮らすべきだと主張しているのではありません。しかし、自分の置かれた状況を直視し、その中のポジティブな要素を見つければ、人生の質が大きく向上するのは事実です。

意欲的な人は毎日を新しい機会ととらえ、元気いっぱいでベッドから起きて一日のスタートを切ります。彼らは目標を達成するために寸暇を惜しんで一生懸命に働きます。あなたも心がけ次第でそういう人になることができるのです。

20

周囲の人たちもポジティブにする

人はみな絶えず変化や挫折に直面しますが、物事をポジティブに考える習慣を身につけるよう自分を訓練しなければなりません。それをしばらく実践していると、周囲の人々のあなたに対する態度が変化することに気づくはずです。なぜなら、人々はポジティブな人と一緒にいることを好むからです。

多くの人々は頑張っている人から元気をもらうことで自分も気分が高揚することを実感します。**もしあなたが仕事に対してポジティブなら、人々はあなたと一緒に仕事をしたいと思うものです。**

私はそれをどのチームでも経験してきました。選手たちの自尊心が低いと、「どうせ何をしてもダメだ」という重苦しい雰囲気になります。ネガティブな姿勢がチーム全体に蔓延している証しです。しかし、一人ひとりの選手がポジティブな波長を発することを心がけると、チーム全体の自尊心が高まって雰囲気が劇的に好転します。

自尊心が高まるとポジティブな姿勢になり、生産性が向上します。生産性が向上すると、ますますポジティブな姿勢になり、良いことが起こる気分になり、実際に良いことが起こります。その結果、全員にとってより良い労働環境が整うのです。

あなたも職場でよりポジティブな労働環境をつくるために、自分の役割を果たさなければなりません。いずれにしても、その職場にいることになるのですから、快適な職場づくりをしたほうが得策です。快適な職場は全員の気分を良くし、それがより生産的な環境をつくります。

かつて私は、「練習は楽しむものではなく耐えるものだ」という重苦しい姿勢で選手たちに接していました。しかし、それでは彼らはなかなかついてきてくれません。練習に耐えるだけだと、まるで強制労働のようになってしまうからです。それに対し、どんなに厳しい練習でも、その中に楽しさを見いだしてポジティブな姿勢になるのを手伝えば、彼らは一生懸命に練習するようになります。

21

長所に目を向ける

私は監督として、選手たちがポジティブな感情を持つように絶えず努めなければならないことを学びました。

人々に技術を習得させるときは、「自分はできる」と確信させる必要があります。たとえば、バスケットボールの選手に「君はロングシュートが下手だ」と言い続ければ、おそらくその選手はロングシュートがうまくなりません。販売員に「君は無能だから売ることができない」と言い続ければ、その販売員はいつまでたっても業績を伸ばすことはできないでしょう。子どもに「お前はばかだ」と言い続ければ、その子どもは実際にそうなる可能性が高まります。

しかし、リーダーがポジティブな姿勢になり、相手が「自分は良くなる、うまくなる、賢くなる」と確信するのを手伝えば、彼らはそのビジョンに向かって努力するようになります。

さらに私たちは、自分に対しても同じことをしなければなりません。自虐的になって心の中で自分の欠点をあげつらうのではなく、自分の長所を冷静に見て、自分の強みに意識を向けなければならないのです。

人はみな、「自分は何かを成し遂げることができる」と感じる必要があります。すすんで努力をし、適切な計画を立て、試練を乗り越える準備をするなら、夢に向かって邁進することができます。つまり、**多くの逆境に直面すればするほど、ますますポジティブにならなければならないのです。**

第１章で説明したように、負けているチームを指導しているときに厳しく接すると、みなの反発を招く結果になります。それに対し、勝っているときはみなの自信が高まっていますから、多少厳しく接してもいいのです。チームが負けているときは一人ひとりの精神状態を気遣い、自信を持つように励まさなければなりません。

22

「失敗体質」の人にどう対処するか

私たちの周囲には、何かにつけてネガティブな人がいるものです。彼らは「あなたはこれができない、あれができない」とこき下ろします。とくに悪意はなく、自分がネガティブな言動をしているという意識すらないのかもしれませんが、そういう姿勢は周囲の人たちに害を及ぼします。なぜなら、彼らは「夢の破壊者」だからです。

私たちはネガティブな人の言動を警戒しなければなりません。周囲の人たちの気分を害する環境をつくる傾向があるだけでなく、見習ってはいけない最悪の反面教師になることがよくあるからです。

ネガティブな人は逆境に直面すると、たいていすぐにあきらめます。どうしたらうまくいくかを模索するのではなく、うまくいかない理由を探し、言い訳をし、不平を言い、疑念を抱きます。一言で言うと、彼らは「失敗体質」なのです。

あなたはそういう人たちのネガティブな姿勢に徹底抗戦する方法を見つける必要があります。そうしなければ、全員のやる気をそいでしまいかねません。

では、職場にそういう人がいる場合、どう対処すればいいのでしょうか？

最も簡単な方法は、直接会って話をし、「あなたのネガティブな姿勢が組織の士気を低下させているので、ポジティブな言動を心がけてほしい。そうすれば、あなたにとっても組織にとってもプラスになる」と説明することです。そういう人の悪口を言ってもエネルギーの無駄になるだけで、あなたもその人のレベルにまで下がってしまいかねません。

ネガティブな人を扱う最善の方法は、「組織全体の雰囲気づくりに大いに貢献する資質を持っているのに、ネガティブな姿勢のために周囲の人に悪影響を及ぼしている」と指摘することです。それで即座に問題が解決するとは限りませんが、自分の言動を改善するきっかけにはなります。

もしそれがうまくいかなければ、新聞や雑誌の関連記事を見せるとか、彼らの尊敬する人に言動を改善するよう頼むといいでしょう。成功するためには、そうやって自分や組織に悪影響が及ばないように最善を尽くすことが重要なのです。

23
かかわるべきではない三種類の人

成功を収めるうえで、社交的な阻害要因も考慮に入れる必要があります。それは前項で述べたネガティブな人とは違いますが、同じくらい悪影響を及ぼしかねない存在です。もし放置しておけば、社交的な阻害要因は確実にあなたの成功を妨げます。具体的には次の三種類の人たちを指します。

1　職場で世間話をしたがる人

2　午後は早退して遊びに誘う人

3　あなたを「仕事中毒」と呼び、「そんなに働かずにのんびりしよう」と言う人

以上の人たちは社交的な阻害要因であり、たとえ彼らに悪意がなくても、あなたが潜在能力を発揮するのを妨げます。したがって、あなたはそういう人とかかわる時間を最小限にしなければなりません。

真の友人なら、あなたの目標達成の邪魔になるようなことはしません。だから、もしあなたが「ノー」と言えば理解を示してくれます。

もしかすると、あなたを利用して何かをたくらんでいるのかもしれませんが、そういう人は決して友人ではありません。あなたはそんな人とかかわるべきかどうかを真剣に考える必要があります。

24

変化をチャンスととらえる

変化とは、生きている限り誰の身にも起こることです。

人はみな新しい環境に常に適応しなければなりません。たいていの場合、生活の質を決定するのは変化に対処する能力だからです。

このことはとくに職場において重要です。毎日のように技術革新が行われ、吸収合併や人員削減などで組織の再編が進んでいるのですから当然です。

昔の人々は、いったん会社に勤めれば、退職するまでずっと安泰だと思っていました。しかし、もうそんな常識は通用しません。すべてが絶えず変化し、それに対処しなければならないのです。

とはいえ、大多数の人が変化を恐れているのが実情です。なぜでしょうか？

それは、本質的に間違った姿勢で物事を見ているからです。変化とは、悪い方向に事態が展開することだと思い込んでいるのです。

トンネルの中を進んでいる状況を想像してください。ポジティブな人は「トンネルの向こうに宝物が隠されているから、それを見つければ成功を収めることができる」と自分に言い聞かせます。それに対しネガティブな人は、「トンネルの向こうに不吉な前兆が潜んでいる」と自分に言い聞かせます。要するに、それは心の持ち方の問題です。

あなたは変化をワクワクする貴重な経験ととらえる必要があります。ポジティブな人は変化を刺激的なものとみなし、自分の仕事を脅かすのではなく発展させる要因と考えます。自分の置かれている状況の中にプラスになる要素を見つけ、変化をチャンスととらえるのです。

あなたは毎日が安楽な日々の連続ではないことを知らなければなりません。誰もが日常的に不測の事態に直面します。いかにそれを最小化し、チャンスを最大化するかが成功のカギです。変化に直面しておびえていても決してプラスにならないことを理解すれば、ポジティブな姿勢で道を切り開こうという気になるはずです。

25

現在を大切にして生きる

毎年、私は練習初日に選手を集めて人生の教訓について話します。スペンサー・ジョンソンの『人生の贈り物』という薄い本を読んで聞かせるのです。

それは少年と老人の話です。ある日、老人から「君はすばらしい贈り物を持っている。それに気づけば幸せになれる」と言われるのですが、少年にはその意味が理解できません。「それは何ですか？」と尋ねても、「自分を幸せにできるのは自分しかいないから、結局、自分で気づくしかない」という答えしか返ってこないのです。

数年後、若者は答えを見つけるために旅に出かけます。しかし、洞窟やジャングル、海底などをいくら探しても、すばらしい贈り物は見つかりませんでした。

数十年後、老人になったときにやっと気づきました。答えは「現在」だったのです。過去でも未来でもなく現在が貴重な贈り物だから、今この瞬間を大切にして生きていけば自分を幸せにできるという意味だったのです。

すべての人にとって、これはたいへん重要な教訓です。

私たちは過去に執着し、自分の犯してきた間違いにとらわれています。しかし、過去は終わったことであり、間違いから学ぶことができれば、それでいいのです。過去についてはそれ以外に何もできません。

過去に執着していないとき、私たちは未来について心配します。未来に対して不安を感じながら夜ふと目を覚ますことは誰にでもあるでしょう。しかし、そんな心配をしても疲れるだけです。私たちはそういう時間を最小限に減らして生産的な思考を身につけなければなりません。

私は選手たちに「現在を大切にして生きろ」と指導し、自分にも常にそう言い聞かせています。先行き不透明な現代社会では難しいことですが、不安のために積極的に行動できずに人生を終えてしまうケースが多いのが実情です。気をつけなければ、私たちもそうなりかねません。**過去への後悔や未来への心配ではなく現在の課題に集中することは、大きな恩恵をもたらすポジティブな態度です。**

KEY POINT
キーポイント

あなたは自分をより前向きにするよう設定することができます。常に前向きであることは不可能ではありません。それは心の持ち方であり、改善することができるのです。あなたは自分の心の持ち方をコントロールするべきです。周囲のネガティブな人の影響を受けないように気をつけましょう。ポジティブな人と付き合えば、その人の前向きな思考法と行動パターンを学んで恩恵を受けることができます。

1 辛いときほど前向きになる。変化に適応し、それを自己改善のための機会と見なすことが重要です。

2 現在に生きることを学ぶ。過去の失敗と将来の不安から自由になることはすばらしい能力であり、常にそれを心がけなければなりません。

第 4 章

良い習慣を確立する

26

間違った習慣では向上しない

辞書によると、習慣とは「一定の方法で繰り返すことによって身につける傾向」と定義されています。

つまり、良い習慣も悪い習慣も生まれつきではないということです。それらは脳と体に染みついている行動パターンで、第二の天性になっていることが多いのです。

習慣は私たちの味方にも敵にもなります。**悪い習慣を繰り返せば、目的達成の障害になり、成功を収めることができなくなります。**間違ったフォームで熱心に練習するゴルファーは、良い習慣を実践していることにはなりません。本人は練習に時間をかければ上達すると考えているかもしれませんが、それは思い違いです。その人は不適切な行動を強化し、それを第二の天性にしているだけなのです。

いつも安易な道を探している人は、昇進の道を自ら閉ざしています。遅刻するとか手抜き仕事をするといった露骨なことではなく、上司が来るよりも早く出勤しているのに課題を仕上げないとか、終業時間になれば真っ先に退社するといった「些細なこと」がそうです。あるいは、自主的により多くの仕事をしないとか、心の持ち方がポジティブではないといったこともそうです。

個別に見ると、どれも重大な過失ではないかもしれません。それだけに本人も自覚していないことが多いのですが、それらはすべて悪い習慣です。

私たちの周囲には悪い習慣が蔓延しています。一例として、気分が乗らないという理由で夜遅くまで宿題を先延ばしにし、夜遅くなると疲れているのでやり終えることができず、「明日の朝、仕上げよう」と自分に言い聞かせている学生がそうです。大した問題ではないように見えますが、そういうことを繰り返しているうちに大きなおくれをとってしまうのです。

結局、悪い習慣とは、一言で言うと何でしょうか？

それは、自分の利益にならない習慣のことです。

27

成功と失敗の差は紙一重

職場における悪い習慣の具体例について検証しましょう。

1　**注意力が散漫なこと。**たとえば、何分間も私用電話をかける、休憩をとって同僚と話し込む、ダラダラして生産性を低下させる、などなど。

2　**開き直ること。**「終業時間になると帰るのは当然の権利です」「職務に専念していませんが、それは誰も同じです」などと言って反省しないのは明らかに悪い習慣です。

3　**時間どおりに出勤すること。**意外に思うかもしれませんが、定時出勤は悪い習慣です。始業時間の三十分前には出勤し、同僚とのあいさつをすませ、お茶を入れ、新聞を読み終え、始業時間になれば仕事モードに入っていなければなりません。

4　無駄話をすること。悪口、陰口、噂話はほとんどの職場で常態化していますが、それは時間と労力の無駄であるばかりか自滅的ですらあります。

5　私生活を職場に持ち込むこと。私生活を職場に持ち込めば、やがてその代償を払う羽目になります。集中力を失ったり同僚に噂話をされたりするからです。いったん妙な噂が立つと、それに尾ひれがついて燎原《りょうげん》の火のように広がります。

以上が悪い習慣の具体例です。あなたはそれらのすべてから重要な教訓を学ぶことができます。どんなに高い自尊心を持ち、ポジティブな姿勢を維持していても、悪い習慣を強化しているなら逆効果です。したがって、もし自分の悪い習慣に気づいたら、全力を尽くしてそれを直さなければなりません。

成功者を観察すれば、彼らが良い習慣を身につけて業績をあげていることに気づくはずです。たいていの場合、成功と失敗の差は紙一重であり、良い習慣を確立することが成否を分けます。

28

仕事のプロになる方法

職種に関係なく、どんな職場でも最高の賛辞の一つは、その人を「仕事のプロ」と呼ぶことです。それはどういう意味でしょうか？

それは、毎日全力を尽くして仕事をしているという意味です。**仕事のプロは集中力を乱しません。気分のむらがないので、いつも高いレベルで働くことができるのです。**そういう人は、いつもすばらしい仕事をします。そしてそれこそが、あなたのめざすべきことなのです。

良い習慣とは、それをする方法です。

良い習慣は、業績不振を防ぐ安全弁になります。無気力と怠け癖を予防し、規律に従うのに役立ちます。

良い習慣を確立しなければ、潜在能力をぞんぶんに発揮できず、成功を収めることはほぼ不可能です。試練に立たされたとき、良い習慣の意義はさらに増します。それは岩のように強固で、どんなにプレッシャーを感じても崩れることがありません。

私はそれを子どものころに学びました。七歳のときに初めてバスケットボールを体験したのですが、たぶんそれは偶然だったと思います。父はビルの管理人で、若いころはハンドボールをしていました。二人の兄は少しフットボールをした程度で、スポーツにはあまり興味がなかったようです。

私は何かが得意になりたいと思っていました。父は真面目な人間で、毎朝五時半に起きて仕事に出かけていました。母は一家五人をまとめる役割を担っていました。そんな両親から勤勉さと結束力の大切さを学んだように思います。

バスケットボールはいとこのウォルターから手ほどきを受けました。二人で初めて練習をした日、正しい技術の習得と練習の積み重ねが重要だと感じたのを覚えています。正しい技術を学んで、一生懸命に練習を積めば必ず目標が達成できるという単純な教訓でしたが、どんなことでも、良い習慣の確立が仕事のプロになる方法だと後で気づきました。

29

記憶に頼らず、すべてのことを書きとめる

今日、あなたは何を成し遂げたいですか？

最高のビジネスパーソン、経営者、教師、親になろうとしていますか？

朝、あなたが目を覚ますのは目的があるからです。一日を充実したものにしなければならず、それには意志と規律が必要になります。

毎日、あなたは計画性を持って具体的な目標を設定しなければなりません。達成したいことを決めて、その方法を選択するのです。究極的には、目的を持って一日をスタートさせ、それを達成して一日を終えるということです。

そのためには、その目的を紙に書きとめることが重要になります。

私が辛い思いをして学んだ成功の秘訣は、信じられないほど基本的なことでした。それ

Discover

ディスカヴァー・トゥエンティワン
39周年の「サンキュー!」を込めて

プレゼント
企画
実施中!

Thanks!
from Discover

全員もらえるプレゼント
&
豪華抽選プレゼント

詳しくはこちらから
https://d21.co.jp/special/thirty-ninth/

は、すべてのことを書きとめるという習慣です。記憶に頼ってはいけません。そんなことをすると目的があいまいになりますし、失敗したときの安易な言い訳にもなります。

毎朝、私はその日の目標をすべて紙に書くようにしています。そのリストが私の一日の計画です。想定外のことが起きれば計画を修正することもありますが、一日の指標として役立ちます。ちょうど人生の計画が必要なように、毎日、毎週、毎月、毎年の計画も必要です。長期的な目標に向かって着実に前進するには、それ以外の方法はありません。

一日の目的を書きとめると、整理がしやすくなります。

私はまた、メモ帳をいつも携帯して、思い浮かんだアイデアを書きとめるようにしています。これもまた、後で思い出すための便利な方法になります。

要は、一日の目的を明確にすることで、自分に対して言い訳をできなくするということです。多くの人は目覚めたときに一日の目的を持ってはいるのですが、それは往々にしてあやふやなために集中できません。しかし、いったん明確なリストを作成すれば、それを達成する方法を選択することができます。そしてその日が終われば、達成したことをリストアップすればいいのです。同時に、達成できなかったこともリストアップし、反省と改善点を明確にして翌日以降に反映させることも重要です。

30 すがすがしい気分で仕事をするコツ

私は職場に着くと、したくないことを真っ先にすることを習慣にしています。たとえば、気の進まない電話かけをしなければならないなら、なるべく早くそれをすませるのです。嫌なことを先に片づければ、一日を快適な気分で過ごすことができます。それに対し、嫌なことを先延ばしにすると、それが心の中でずっと重くのしかかり、何をするときも暗い気分になります。

原理はいたって単純です。一日の中の十二時間のうち八時間が楽しめそうで四時間がそうでないなら、その四時間分の作業をできるだけ早く処理して気分的に楽になるということです。

わかりやすい例をあげるなら、歯医者の予約をするときは、一日のできるだけ早い時間帯に入れることです。そうすれば、嫌なことを早くすませて、残りの時間を快適に過ごすことができます。予約を一日の遅い時間帯に入れると、一日の大半をそれについて心配しながら過ごすことになり、不安が募るばかりです。

第2章で紹介した「高い目標を設定する」という教訓を思い出してください。一生懸命に働くことがいつも楽しいとは限りませんし、その日やその週のうちには楽しくないことも多々あります。達成すべき目標を常に抱えていて、高いハードルに感じられるかもしれません。いっそ先延ばしにしたくなることもあるでしょう。しかし、そんなときこそ、課題を先延ばしにしてはいけません。悪い習慣はそうやって形成されるのです。**あなたがすべきことは、そのように後回しにしたくなることを真っ先にすることです。**

ルールは単純明快です。嫌だなと思うことを最初に片づけて、すがすがしい気持ちで残りの業務に取りかかるということです。

31

普段から体を鍛えておく

この見出しを読んだ人は、「スポーツ選手になるわけでもないのに、なぜ体を鍛える必要があるのか？」と疑問に思っていることでしょう。

答えは簡単です。どの分野であれ、あなたは潜在能力をぞんぶんに発揮し、さらに業績をあげてもっと成功を収めようとしているはずです。

それはたいへんな努力を要します。それには健康に気をつけて体調を万全にしておかなければなりません。だから体を鍛えておく必要があるのです。

あなたは一日のチャンスにワクワクしながら目覚めなければなりません。一日中エネルギッシュに活動しなければなりません。しかし、最高の健康状態でなければ、それらのことは困難になります。

　このことは年をとるにつれて重要性を増します。企業が人員削減と合理化を推し進めるようになると、中高年の労働者が標的にされやすいからです。企業には三十五歳以上の年齢層に対する偏見があることを理解しなければなりません。なぜなら、経営者の目には、五十歳の人は三十歳の人と比べてエネルギッシュではないと映る傾向があるからです。年をとると情熱が多少失われ、若いときのようなひたむきさがなくなることを懸念しているのです。

　だからこそ、外見と心の持ち方を改善し、そういう偏見に打ち勝たなければならないのです。あなたには経験に裏打ちされた知恵があり、それは大きなプラス材料です。情熱を燃やしてエネルギッシュに働けることを証明しなければなりません。そしてそのためには体を鍛えておく必要があるのです。

　まず、運動を毎日の課題にすることから始めましょう。時間がないとは言わないでください。そのための時間をつくればいいのです。毎日十五分程度、軽く体を動かせばいいだけです。筋骨隆々の肉体をつくる必要はありません。自宅で運動する、ジムに行く、近所をウォーキングするなど、とにかく日頃から体を鍛えましょう。そうすることで自尊心が高まり、成功するのに必要な前向きな心の持ち方ができます。

32

第一印象を良くする

良い身なりを心がけることはとても重要です。とはいえ、ファッションセンスを磨いてベストドレッサーになろうとする必要はありません。たんに身だしなみを整えるということです。

身なりが良いと人々は信頼を寄せます。端的に言うと、だらしない格好の人に誰もお金を預けません。銀行に勤めている人がジャージ姿ではなく、就職の面接に行く人がシャツをズボンの外に出していないのには理由があります。たいていの場合、身なりは相手があなたに対して抱く第一印象を形成します。「見かけで人を判断するのは良くない」と反論するかもしれませんが、人間とはそういうものですから仕方ありません。

身なりはあなたの自己イメージの表れであり、人々がそれをもとにあなたを判断することを一時も忘れてはいけません。

したがって、あなたがめざすべきことは、すばらしい第一印象を持ってもらうことです。それには自分を視覚的に最高の形でアピールする必要があります。自分の個性を前面に出すと同時に、規律に従っているという印象を与えるよう努力すべきです。

就職の面接のときだけでなく、いつも自分の最高の姿を見せるようにすることが重要です。誰かがあなたを見て第一印象を抱く可能性があるからです。人々はあなたをなんらかの状況で目撃し、ほとんど予備知識のない段階で判断します。その際に判断材料となるのが、あなたの身なり、行動、雰囲気です。

当然、誤解されることもありますし、知り合った後で相手は別の印象を持つこともあるでしょう。しかし残念ながら、たいていの場合、そんな余裕はありません。人々は表面的な基準で即座に相手を判断します。それが現実なのですから、あなたはそれを受け入れなければならないのです。そうしなければ、いつ、どこでチャンスを逃してしまうかわかりません。

33

ぶっつけ本番では成功はおぼつかない

私は大学の監督になりたてのころ、獲得したい選手の家庭の事情をよく調べずに自宅を訪れていました。熱意を持って説得すれば必ず応じてくれるはずだという確信があったからです。

今振り返ると、愚かな態度だったと反省しています。

程度の差こそあれ、それは大勢の人がいつも犯している間違いです。たとえば、相手について何も知らずに商談をする、就職の際に会社についてよく知らずに面接に行く、予備知識がほとんどない状態で就職する、などなど。人々は事前に綿密な調査をすることなく、ぶっつけ本番で大事なことに取りかかる傾向があるのです。

私は企業を対象に年間三十回ほど能力開発に関する講演をしていますが、そんなときは事前にその会社について徹底的に調べるようにしています。強み、弱み、課題、目標、理念など、その会社について情報を収集すればするほど、人々に感銘を与える講演ができることを経験的に知っているからです。

スポーツのチームの場合、レベルに関係なく、対戦相手について事前に調べておくのが常識です。いわゆる偵察ですが、対戦相手についてできるだけ情報を収集しておけば優位に立てることは明らかです。レベルが上がれば上がるほど偵察は高度になります。競争の激しいスポーツで功を奏しているのですから、人生のさまざまな分野にもあてはまると考えるべきでしょう。

あなたは優位に立つために、オフのときでも勉強して準備をしておかなければなりません。どうすればそれを効率的にできるかを常に自問しましょう。

専門学校に通う、業界紙を読む、パソコンの技術に習熟するといったことも検討する必要があります。自己啓発は業界で生き残るうえでたいへん有効な手段です。現状のままで十分だと思ってはいけません。知識や技術は絶えず刷新しなければ、たちまち時代遅れになってしまいます。

34

相手についてよく知っておく

ＮＢＡで活躍しているジャマール・マシュバーンがまだ高校生だったとき、「練習嫌いの怠け者で、太っていて動きが鈍い」というのが一般的な評価でした。ケンタッキー大学を志望していたのですが、そこで監督をしていた私はスカウトから「あの選手はダメだ。才能はあるが、厳しい練習には耐えられそうにない」と聞かされていました。

私は実際に会う前にジャマールについて徹底的に調査しました。若いので未熟なのは仕方ありません。まだ体が出来上がっておらず、体力もさほどなかったので、ハードな練習についていけなかったのです。

私は彼と初めて会ったときにこう言いました。

「ジャマール、私は選手に厳しい練習を課すことで知られている。しかし、君は練習嫌いだそうだ。そんな君がどうして私の下でプレーしたいのか？」

「僕はプロになりたいのです」彼は答えました。「でも、プロになるには猛練習をしなければなりません。ピティーノ監督なら僕を徹底的にしごいてくれると思ったのです」

それを聞いた瞬間、私は「これはものになる」と思いました。ひたむきに努力するという決意を感じたからです。ジャマールは自主的に猛練習をせず、こちらからやらせなければなりませんでしたが、本人はプロになりたいという夢を持ち、それを実現するためなら必死で努力する覚悟でいました。言い換えれば、プロで活躍するという目的を達成するために猛練習という手段を選んだのです。

その後、ジャマールは成功を収めました。そして彼のおかげでチームは全米大学選手権優勝という悲願を達成しました。獲得する前に本人についてよく調べておかなかったら、結果は違っていたことでしょう。


これはどんな仕事でもあてはまります。**知らない人と仕事をするときは噂で判断するのではなく、綿密に調査しなければなりません**。その際に資料を集めて準備をしておくことが重要です。相手についてよく調べておくことは、良い習慣の一つなのです。

KEY POINT
キーポイント

良い習慣を身につけていれば、成功を収めることができます。それに対して、悪い習慣を身につけると、たいてい失敗します。

1 物事を先延ばしにしない。毎日、嫌なことから取りかかる習慣を身につけることが重要です。そうすることでストレスを排除できるだけなく、一日の残りの時間は、より快適な作業に専念することができます。

2 出会いを大切にするために心身を爽快に保つ。九割の確率で、第一印象が最も長く続きます。もう一度会って誤解を解こうとしても、第一印象が悪いと二度と会ってもらえないかもしれません。

3 オフのときに勉強する。あなたが遊んでいるときでも、ライバルは研鑽を積んでいるかもしれません。この差が成否を分けることを肝に銘じましょう。

第 5 章

コミュニケーションの技術を習得する

35

信頼関係を築く秘訣

私たちが磨かなければならない技術は、効果的なコミュニケーション能力です。上司、同僚、部下、友人、子ども、配偶者にわかりやすく意思を伝えることは、職場と生活の環境を向上させるうえで不可欠な能力と言えます。

コミュニケーション能力は先天的な素質によるものと思われがちですが、それは違います。コミュニケーションは習慣ですから、その能力は学習して習得することができるのです。どの分野であれ、成功を収めるためには、しっかり訓練してコミュニケーションの技術を身につけなければなりません。

ただし、他の良い習慣とは違って、この習慣は自分だけのことではありません。コミュニケーションは相手との相互作用であり、正しいメッセージを正しいタイミングで伝える方法を見極める能力が必要になるのです。

人生は他者とのかかわりによるものです。具体的には、目上の人（上司、社長）、周囲の人（同僚、友人、配偶者）、目下の人（部下、子ども）です。**コミュニケーションの技術とは、以上の各グループの人たちと適切に接して自分の目標の達成を手伝ってもらうと同時に、その人たちの目標達成を手伝うことです。**

どんなに努力しても、自分一人で成功できるものではありません。人々とうまくコミュニケーションができないなら、あなたが成功する可能性は大きく下がります。

バスケットボールでは監督が選手とうまくコミュニケーションができなければ、どんな戦略を練っても功を奏しません。仕事にも同じことがあてはまりますが、現状は会社の目標を従業員にうまく伝えることができない経営者が多いものです。目標をうまく伝えることができないと、さらなる問題をつくり出すことになります。

効果的なコミュニケーションは問題解決の最高の方法ですが、多くの人はその方法を知りません。ただ話すばかりで意思の疎通ができず、相手とうまくつながることができないのです。話し合いが討論や議論になってしまい、信頼関係を台無しにする人が少なくありません。結局、そういう人は誰からも疎んじられて成功と縁遠くなります。

36

直接、誠意を伝える

ニューヨーク・ニックスの監督だったとき、ビル・カートライトという選手がいました。シーズンの途中から調子を上げて活躍し、自信にあふれていたのを覚えています。

ところがある日、ビルは試合当日の朝の全体練習を病欠したのです。連戦を控えて活躍を期待していたので、彼の体調が気になり、「医師に診察してもらうように」とトレーナーを通じて伝えました。たとえ当日の試合を欠場しても、すぐに適切な処置をしてもらえば早期に復帰できると思ったからです。

それだけのことですから、もし私が本人に直接伝えていれば一分か二分で済んだはずでした。しかし、それをしなかったために関係がこじれて厄介なことになったのです。

トレーナーから話を聞いたビルは、「体調が悪いので自宅で静養する」と答えました。

しかし、トレーナーは「監督が病院に行って医師の診察を受けるよう言っている」と私の伝言を繰り返したのです。もちろんトレーナーに悪気はありません。

もし私がビルに直接連絡して体調を気遣っていることを伝え、「君はチームの柱だから一日も早い回復を祈っている」と言えば、なんの問題も生じなかったでしょう。しかし、第三者に伝言を頼んだために意図が誤解されてしまったのです。おそらく彼は仮病を疑われていると勘違いしたのでしょう。実際、翌週、ビルが練習に復帰したとき、私への態度が明らかに変化していました。

しかし、それでも私は問題を放置したのです。数日後、担当医から問題を指摘されて初めて事態の深刻さに気づき、ビルに会って、直接連絡しなかったことを謝りました。ビルはすぐに理解してくれて、私たちは関係を修復することができました。

私はその経験を通じて三つの教訓を学びました。**一つ目は、どんな些細なことでも誤解が生じると人間関係がこじれるおそれがあることです。二つ目は、第三者に意思を伝えてもらうと曲解されやすいので自分で伝えることです。**たいていの場合、相手は誠意を感じて納得してくれますから、その場で誤解が解けます。**三つ目は、問題を放置すると事態が悪化するので、すぐに本人に連絡することです。**早期に解決を図れば、無駄が省けます。

37

相手の話をよく聞く

ケンタッキー大学の監督をしていたとき、前途有望な高校生を説得するためによく家庭訪問をしたものです。

当初、私は本人と家族の前で延々と話をして決断を促していました。熱狂的なファンの存在、充実したトレーニング施設、学業の支援体制などについてアピールするのです。しかし、このやり方はうまくいかないことが多く、悩んだ末にやり方を変えました。メリットを簡潔に説明するだけにして、後は本人の話にじっくり耳を傾けることにしたのです。その結果、ケンタッキー大学を選んでくれる確率がぐんと高くなりました。

つまり、自分が何を言うかよりも、どれだけ相手の話を聞くかが重要だったのです。私は聞くことによって信頼関係を構築し、相手を安心させられることを学びました。

聞くことと話すことの適正な割合は四対一です。言い換えれば、自分が話す時間の四倍の時間を割いて相手の話を聞くということです。

コミュニケーション能力を高めるもう一つの方法は、私が前項で指摘したように進んで自分の間違いを認めることです。そうすることによって相手の不信感を取り除き、誤解を解きたいという誠実な思いを伝えることができます。そうすれば、相手は警戒心を捨てて素直な気持ちになってくれます。これがコミュニケーションの極意です。

あなたの目標は、自分がいつも正しいことではなく、双方が勝つようにすることです。

ここで、「勝つ」という意味について正確に理解しておく必要があります。

どんな議論にも勝たなければいられない人は誰の周りにもいるものです。そういう人はいつも大声で自己主張をしています。まるで対話が勝負の機会であるかのようです。しかし、そのような態度は自滅的です。なぜなら、不快で自己中心的なために相手が嫌悪感を抱き、たがいに歩み寄ることができないからです。

コミュニケーションの目的は自分の正しさを一方的に主張することではなく、双方が目標を達成して恩恵を受けるように配慮することなのです。それがコミュニケーションによって双方が勝つという意味です。

38

アメはムチよりはるかに効果がある

モチベーションはコミュニケーションと深いかかわりがあります。簡単な例で説明しましょう。

家に二人の息子がいて、兄に「ガレージにある車の中の荷物を持ってきてくれ」と頼んだとします。すると、その子は「自分ばかり用事を頼まれて、弟はいつも楽をしている」と不平を抱くでしょう。子どもでも大人でも、人間とはそういうものです。そんなときこそ、コミュニケーションが重要になります。

「なぜ僕がいつも用事を頼まれるの?」と文句を言うようなら、しっかりと理由を説明するべきです。たとえば、「この荷物は重いから、年長のお前に頼んでいる。お前は力が強いから早く持ってきてくれるはずだ」という具合です。

そう言われれば、子どもは罰を受けているのではなく自分の能力を評価してもらっていると感じ、快く用事を引き受けてくれます。**たんに命令するのではなく、ほんの数秒間理由を説明するだけで相手の心理に天と地ほどの違いが生じるのです。**

あなたは私生活でも仕事でも人々とコミュニケーションをとらなければなりません。その際、アメはムチより効果があることを思い出す必要があります。

人々はなぜ用事を頼まれているのかを知りたがります。「これは命令だ」と言うだけでは動いてくれません。実際、それは相手に反感を抱かせ、そっぽを向かせるだけですから、おそらく最悪のセリフです。

親や教師、監督、経営者など、自分がどんな立場でも、それは基本的に同じことです。もちろん、命令口調で言わなければならないこともあります。しかしそんなときですら、ほんの数秒でも時間をとって説明して納得させれば、相手のモチベーションに大きな違いが生じることを知っておく必要があります。

39

相手の立場になって伝える

職場の部下を説得しようとするとき、相手のライフスタイルを頭ごなしに否定してはいけません。それは下手をすると相手の人間性を否定することにつながり、反発を招いて関係がこじれるおそれがあるからです。**そんなときに本当に重要なのは、相手の成功を手伝いたいという誠実な気持ちを強調することです。**

わかりやすい例で説明しましょう。選手が就職の斡旋を頼みにきたときにだらしない格好をしていたら、監督としては「おい、そんな服装では誰も雇ってくれないぞ。家に戻って着替えてこい！」と叱りたくなるものです。

しかし、もっといい方法があります。

人はみな、一定の年齢に達すると自分にとって都合のいい記憶しか残っていないものです。たとえば、私たちの世代はラップ音楽が耐えられませんが、親の世代はロック音楽が耐えられませんでした。さらにその親の世代もバンド音楽が耐えられなかったはずです。それはたんなる時代の流れで、それに対して感情的になって「近ごろの若者は」などとぼやくのは愚かです。

そこで私はその選手を監督室に呼んで、こんなふうに言います。

「私が君の年齢だったころ、もみあげを生やしていてね、あのころはそれがかっこいいと思っていたんだ。もし当時の写真を見たら、きっと君は腹を抱えて笑うだろう。しかし、今の私は君の助言者として、就職の面接にそんな格好で行かせるわけにはいかない。君が雇ってもらえないのは目に見えているからね」

そういうふうに言えば、十中八九、若者は聞いてくれます。

なぜでしょうか？

本人も成功したいからです。

大切なのは、相手の立場に立って、そういう格好をしていては就職の面接で成功しにくいことを教えることです。表面的には大した違いではないように思えるかもしれませんが、大きな違いが生じます。

40

全体の利益は何かを理解させる

とあるシーズンを例にとって説明しましょう。最大の問題は、良い選手が多すぎたことです。出場させたい選手がたくさんいて、私はとても難しい事態に直面していました。恵まれていると思うかもしれませんが、監督にとって、これはじつに悩ましい問題なのです。

残念ながら、良い選手が多すぎるのは、良い選手が足りないのと同じくらい困った事態を招くことがよくあります。良い選手が多すぎると内部で嫉妬と確執が生じやすく、どんな組織であれ、空中分解を起こしかねないのです。

私は、この問題をチームとして解決できなければ全米学生選手権で結果を出せないと確信しました。そこでシーズンが始まって少したったときに選手を集め、この問題について話をしたのです。

私は単刀直入に彼らに言いました。

「これが監督として抱えている問題だ。最終的に、みんなが私を助けてくれるか、私が独断で解決するか、どちらかしかない。君たちはどちらを選ぶか？」

要するに、**私は選手たちに問題解決を助ける機会を与えたのです**。彼らに問題の本質を理解させ、その解決策を考えさせました。そうすることによって、出場機会の少ない選手に対し、私が彼らを選手として大切にしていないわけではないことを伝えたのです。

その結果、すぐにチームとしての一体感が芽生えました。どの選手も全体の利益のために個人の目標の一部を犠牲にすることが求められていることを理解し、この問題をみんなで解決できれば、バスケットボールの歴史に残るチームがつくれることを理解してくれたのです。

こうしたコミュニケーションが功を奏して全員がチームの目標を共有し、その年、私たちは全米学生選手権に優勝することができました。

41

職場での問題解決の仕方

問題が自然に消えて、時間がすべての傷を癒してくれることを望むのは人間の心理です。しかし、現実にはそういうことはめったにありません。問題を放置しておくと、たいてい悪化します。

たしかに、感情的な対応を避けるために一晩じっくり考えるのは理にかなっています。しかし、いったん気持ちが落ち着いたら、すぐに相手と話をすることが最善の策です。ただし、対決姿勢をとるのではなく、相手の話に耳を傾けてコミュニケーションをとることを心がけなければなりません。

たとえば、トラブルを起こしたために上司に嫌われたと感じているとします。あなたは、それについてどう対処しますか？

多くの人はその問題を無視して、時間が解決してくれることを期待します。あるいは、上司との確執について周囲の人に不平を言います。しかし、どちらの対処法も間違っていますから、さらなる不幸の原因になりかねません。

その状況を解決する唯一の方法は、相手と心を通わせることです。

相手にほんの数分だけ時間をとってもらい、解決策があるかどうか模索すればいいのです。**敵対的になるのではなく、状況を冷静に指摘し、「気がかりなので解決したい」と言うのが一番です。**

たいていの場合、あなたの思い違いで、相手はあなたにネガティブな感情を抱いていないか、誤解を解けば問題は解決するか、どちらかです。

要するに、問題解決の場を設定することです。考え込んで不安を募らせるよりはずっといいと思います。仕事の問題について大人としての対応ができず、陰で噂話や悪口を言うことほど職場の雰囲気を悪くすることはありません。放置しておくと、職場がぎすぎすして険悪なムードに包まれ、大きなストレスの原因になります。効果的にコミュニケーションをとれば、そういう事態を回避できる可能性が高まります。

42

相手の気持ちを察する

聞く技術とは、まず、話している相手のほうを見ることです。別の方向を向いてはいけません。また、自分が次に何を言うかではなく、相手の話にじっくり耳を傾けることが重要です。さらに、相手と目を合わせることも忘れてはいけません。アイコンタクトはたんにマナーの問題だけでなく、相手の言っていることを気にかけているという事実を本人に伝えることでもあるのです。相手と目を合わせることは信頼をはぐくみます。

恥ずかしいというのは言い訳になりません。相手の目を見て、話に耳を傾けるのは、聞く技術の核心なのです。それは黄金律の実践でもあります。つまり、自分がしてほしいことを相手にもするということです。これは人間関係の基本です。

人々は自分の話を聞いてほしいから一生懸命に話をするのです。したがって、もし誠実な対応をしないなら、困った事態を招くことがあります。

あるとき、ケンタッキー州で行われたプロゴルフツアーに俳優のケビン・コスナーがゲストで登場しました。その際、ファンの女性から話しかけられ、ペンと色紙を差し出されてサインを求められたのですが、彼はその女性を相手にせず、「私はあなたのペンフレンドではない」と皮肉を言ったらしいのです。

後日、その女性は地元のラジオで怒りをぶちまけました。私はケビン・コスナーとは面識がありませんが、彼を知っている友人によると気さくで善良な人だそうです。

ところがその日、彼は失態を演じてしまいました。彼の弁護をするなら、その女性に話しかけられたとき、少し機嫌が悪かったのでしょう。しかしどんな理由であれ、たった一言、不用意な発言をしたために自らの評判を落とすことになったのです。ファンの話に耳を傾けてサインをするのは大したエネルギーを必要としないのですから、快く応じればよかったのに、とても残念な気がします。

このエピソードから貴重な教訓を学ぶことができます。**相手の話に耳を傾けるというのは、相手の立場に立って気持ちを察するということです。**それができれば味方を増やせますが、できなければ敵をつくることになりかねません。

KEY POINT
キーポイント

他の良い習慣を続けることと同じように、あなたはコミュニケーションの達人になれるよう、努力し続けなければなりません。

1 話すことよりも聞くことを心がける。

2 自分の正しさに固執しない。

3 相手を打ち負かすことではなく、相手と心を通わせることを目標にする。

4 自分の目標をわかりやすく相手に伝える。「これは命令だ」と言うだけでは、人々はすすんで動こうとはしません。

5 職場では、あらゆる立場の人と良好な関係を築く。自分より目上の人と目下の人の両方と適切な人間関係を築かなければ、いざというときにうまくいかなくなります。

第 6 章

ロールモデルから学ぶ

43

正しい努力をひたむきにする

私は子どものころ、周囲の人の経験から学び、それを自分の強みにすることを覚えました。大学に通ったのは一九七〇年代の前半で、全米で人種間の緊張が高まっていた時期でした。スカウトしてくれたのは、レイ・ウィルソンという有名な黒人の監督です。私が高校でプレーしていたのを観戦し、試合後、会って少し話をしたところ意気投合して、その場でマサチューセッツ大学に決めました。

しかし、それはレイが私に与えてくれた最高の贈り物ではありません。彼が私に教えてくれた最初の大きな教訓は、人を信頼することでした。

レイは人種の壁を取り払って人々に接していました。当時の多くの人と違い、人種による区別は絶対にしなかったのです。黒人か白人か、都会出身か地方出身かは重要ではなく、私たちはみな同じ人間なのだと教えてくれました。彼は誰に対しても偏見を持つことなく、同じように敬意を持って接していたのです。

さらにレイは、聞くことの重要性を教えてくれました。第5章で紹介した聞く能力は、学生のころに彼から教わったことです。

しかし、私はレイからもっと重要なことを教わったと思っています。それは、正しい努力をする方法です。ひたむきな努力は大切ですが、それだけでは不十分で、正しい努力に徹しなければなりません。**「練習すれば完璧になる」という格言は不正確です。完璧な練習によって初めて完璧になるからです。**

では、どうやって正しい努力をする方法を見つければいいのでしょうか？

今まで大勢の人が生きてきた中で、成功する人も失敗する人もいました。彼らはみな何かを教えてくれる存在です。ロールモデルは、あなたが経験していないことや経験できないことを教えてくれます。では、ロールモデルとは何でしょうか？

ロールモデルは著名人とは限りません。思考や行動のパターンを見習い、教訓を学べる人物であればいいのです。職場や家族の人でも構いません。要するにロールモデルとは、成功するための正しい努力をする方法をなんらかの形で教えてくれる人のことです。

44

ロールモデルをどう選び、何を学ぶか

まず、自分のテーマを決めて調査をすることです。映画俳優を見て、自分も同じようにかっこよくなろうとして上等のスーツを着ても中身は変わりません。あなたがすべきことは、その人の賞賛すべき内面の資質を取り入れることです。

ロールモデルは必ずしも著名人である必要はなく、それ以外の人のほうがいいこともあります。めざしている資質について尊敬できる身近な人がいいからです。そういう人と過ごして長所を見習えば、勉強になりますし、知恵を学びとることができます。

同じ業界で活躍している人をロールモデルにして、成功の秘訣を学ぶことも重要です。たとえば、自分より営業成績のいい人を見つけて、その人から仕事への姿勢を含めて何を学ぶべきかを考えるのです。

もちろん著名人をロールモデルにすることもできます。私は子どものころ、ヘレン・ケラーの自伝を読んで感銘を受けました。ハンディキャップを乗り越えて社会福祉に尽力したことには敬服します。エイブラハム・リンカーンの伝記を読んだときも、苦難に満ちた子ども時代を経験し、神経衰弱やうつ病を乗り越え、孤独に耐え、何度も落選した後で大統領にまで上り詰めて業績をあげたことに感動しました。

ただし、著名人をロールモデルにするときは、波乱に満ちた人生に注目するのではなく、どのように努力したか、何を克服したか、どれだけ粘り強さを発揮したか、どうやって逆境を克服したかに注目すべきです。なぜなら私たちは、偉業を達成した人たちが最初から凡人と違い、まるで運命に操られるように歴史に名を刻んだと思いがちだからです。

偉人たちの人生を検証すると、非凡な業績をあげたのは、運命や神の思し召しによるものではなく、非凡な規律に従ったからだということがわかります。失敗してくじけるのではなく、失敗を成功への踏み台にし、何があっても夢を捨てず、目標に向かって邁進したから偉大な足跡を残せたのです。業績をあげたいなら、偉人たちのそういう姿勢を見習う必要があります。

45

たんに賞賛するのではなく見習う

私は絶えず新しいロールモデルを探し、どうすれば成功するかを研究して教訓を学んでいます。理由は単純で、人間は絶えず向上しなければ堕落してしまうからです。

最近、雑誌でサンフランシスコ・フォーティナイナーズの偉大なワイドレシーバー、ジェリー・ライスの記事を読みました。あれだけ成功した後でも練習熱心で、誰もついていけないほどの厳しい練習をしているのはとても立派だと思います。

ジェリー・ライスの経歴を簡潔に紹介すると、新人のころは能力を疑う人たちが多く、「足が遅くて使い物にならない」と酷評されていました。しかしその後、タッチダウンの最多記録を樹立し、プロフットボール史上最高のワイドレシーバーに成長しました。

彼が偉業を達成できたのは、天性の素質によるものでしょうか？
そうではありません。血のにじむような努力を積み重ねたからです。シーズンオフの自主トレは想像を絶する過酷なものでした。ほとんど毎日、徹底した走り込みと猛烈なウエートトレーニングを自分に課したのです。

年をとってからもスピードが衰えず、怪我をしなかったのは不思議ではありません。彼はインタビューでこう言っています。

「多くの連中は『最高の選手になりたい』と言うが、そのための努力をしたがらない。私は必要な犠牲を払って努力するようにしている。私と一緒にトレーニングをしたがる者がいるかどうか疑問だ。私と同じ意志の力を持っている選手はそう多くないと思う」

私はこの記事を読んだとき、ジェリー・ライスをロールモデルの一人にすることにしました。彼とは面識はありませんが、それは重要なことではありません。重要なのは、彼の成功の秘訣を学んで、自分の哲学に取り入れることです。彼の真摯な姿勢は選手たちにも見習ってほしいと思っています。

要するに、賞賛するのではなく見習うということです。**賞賛するだけなら誰でもできます。成功の秘訣は、ロールモデルを研究して長所を取り入れることなのです。**

46

自分流をつくり上げる

私がロールモデルにしているもう一人の人物は、マイアミ・ドルフィンズの監督で有名なジミー・ジョンソンです。彼は監督としてさまざまなトレーニング方法を学んで改良するのが得意なことで知られています。彼の信念と手法はたいへん興味深く、私はそれを見習いたいと思っています。

とはいえ、ジミー・ジョンソンの私生活には興味がありません。人気があるかどうかにも興味がありません。彼がアメリカンフットボールの監督として成功した秘訣と、それを自分がどう応用できるかに興味があるだけです。

他人のアイデアを改良して独自のものにするのを恐れてはいけません。真似をするだけでは不十分です。自分の個性に合わせて修正することが重要で、そこに独創性が求められます。「これを取り入れて自分流をつくり上げるにはどうすればいいか？」と常に自問することが必要です。ここでいう「自分流」とは、基本を無視した「我流」という意味ではなく、成功者のやり方をもとに創意工夫した合理的な方法という意味です。

それはモデルハウスのコンセプトと似ています。住宅販売会社は外見も機能も充実した住宅を展示場で用意していますが、自分の家をそれとまったく同じにする必要はありません。あくまでもモデルハウスですから、どんな点が気に入っているか、どんな点が気に入らないかを決定して創意工夫するのは、あなた自身です。

ロールモデルもそれと同様で、気に入らない点は無視して、気に入っている点だけを取り入れればいいのです。

このように、**あなたは見習うべきロールモデルを絶えず探し求め、自分のやり方を常に改良しなければなりません。**

時代は変化し続けていますから、あなたもそれとともに変化する必要があります。適切なロールモデルを見つけることは、そのための良い方法です。

47

成功に近道はないことを肝に銘じる

手本となる行動パターンを探すときに注意しなければならないのは、安易な方法を求めてはいけないということです。

仕事の成功であれ、肉体改造であれ、人々は近道を選ぼうとする傾向があります。できるだけ短時間でより大きな成果をあげようとするのは時代の流れかもしれませんが、それには大きな落とし穴が潜んでいます。

まず、成功に近道はないことを肝に銘じなければなりません。成功には不断の努力が欠かせないのです。この本の冒頭で説明したように、成功するためには、成功に値する人になるだけの努力が必要になります。行動計画を立て、一歩一歩積み重ねなければならないのです。

もちろん、最新技術を搭載したパソコンや携帯電話を活用して業務の効率化を図ることは必要かもしれませんが、努力を惜しんではいけません。どんなに文明の利器が発達しても、努力にとって代わるものはないのです。

ロールモデルを探すとき、安易な方法を使っている人を手本にしてはいけません。近道を通ろうとしたり、宝くじやギャンブルで一発逆転を狙ったりしているような人は、ロールモデルとしてはふさわしくないからです。人生で成功するには、運ではなく地道な努力が欠かせません。

あなたは、賞賛できる資質を持っている人を探し求める必要があります。自分の生き方や働き方に取り入れたくなる資質を持っている人です。宝くじやギャンブルで儲けようとしている人には、見習うべき資質はないと言わざるを得ません。

48

人生の先輩から学ぶ

何をすべきではないかを学ぶことは、何をすべきかを学ぶことよりも時には重要になります。過去の間違いを繰り返す必要はないからです。

私はこの教訓を父から教わりました。父は私に自分が犯したのと同じ間違いを繰り返さないようにいつも言っていました。「人間は間違いを犯すが、人生の先輩から学べば同じ間違いを犯さずにすむ」と口癖のように言っていたのを覚えています。

二十五歳でボストン大学の監督に就任したとき、最初にしたのは自分よりずっと年上のアシスタントコーチを雇うことでした。その後、ニューヨーク・ニックスの監督に就任したときも、十分な経験を積んだ人物にアシストしてもらうことにしました。

当時、私はすべきことを知っているつもりでしたが、知恵のある人と一緒にいることでさらに恩恵を得ようと考えたのです。

経験を積んだ人は、すべきでないことをよく知っています。たいていの場合、それはすべきことを知っているのと同じくらい重要なのです。

シラキュース大学のアシスタントコーチをしていたとき、ジム・ボーハイム監督が選手たちに優しく接していることに気づきました。私は彼のやり方に疑問を感じ、ボストン大学に移ったときに選手たちに厳しく接することにしました。

その経験から、私は二つのことを学びました。一つは、人間の能力にはほとんど限界がなく、選手が信頼してくれているなら厳しく接しても効果があるということです。重要なのは、選手に無理やり猛練習させるのではなく、猛練習するのを好きにさせることです。もう一つは、ネガティブなやり方は長期的には効果がないということです。脅しは短期的には人々をやる気にさせますが、しばらくすると彼らは精神的に疲れて、やる気を失います。

その点、ジムは甘いように見えたのですが、選手たちはみな彼を慕い、彼の下でプレーするのが大好きでした。私はジムのやり方も有効であることにようやく気づき、さすが名監督だと思って彼のやり方を取り入れることにしました。

気配りの人

ピティーノ監督が、女性をコーチングスタッフに採用することを検討しているというニュースを新聞で読んだとき、私はとても革新的な人だと感心しました。当時、どの男性のチームにも女性のアシスタントコーチは一人もいなかったからです。

夫がかつてリックの指導を受けたことがあり、彼のことは聞いて知っていたのですが、まさか自分がケンタッキー大学の男子チームで指導することになるとは夢にも思っていませんでした。

当時、私はジョージア大学の女子チームのアシスタントコーチをしていましたから、ある日、リックのスタッフから要請の電話があったときはびっくりしました。当然、「考えておきます」と言いました。翌日、リック本人から電話があり、職務について話し合い、数日後、正式なオファーが届きました。

私はリックが世論に影響されずに自分の意志を貫く姿勢に感銘を受け、とても勇気のある人だと思いました。五年間ほど一緒に仕事をしたのですが、不評でも正しいと思ったことをする姿を何度も見ました。

リックは選手たちに自信を与えるのが上手でした。選手たちに能力以上の活躍をさせることができたのは、必ず成功するという彼の強い自信によるものだと思います。

リックはまた、選手たちに情熱的にプレーさせるのが得意でした。才能があっても情熱がなければ、何をしても成功しません。それに対し、才能が少ししかなくても情熱にあふれていれば、成功する可能性はたいへん高くなります。そういう意味で、才能的に恵まれているとは必ずしも言えない地味なチームが好成績をあげることができたのは、ひとえにリックの指導力の賜物です。

現在、私は女子チームの監督として指導していますが、いつもリックをお手本にしています。リックからとくに学んだのは、努力、情熱、気配りの三つです。

——バーナデット・ロックマトックス
（元同僚、ケンタッキー大学女子チーム監督）

KEY POINT
キーポイント

他の人から学べば、自分の経験不足を補うことができます。周囲の人はみな、何かを教えてくれる存在ですから、常に何かを学ぶ心の準備をしておかなければなりません。とくに、自分より先に何かを経験した人からは学ぶことがたいへん多いものです。

1 適切なロールモデルを選ぶ。ロールモデルはお手本にすべき人ですから、たんに楽しい人というだけでは不適切です。あなたが必要としているのは、あなたに見本を示して助けてくれる人です。

2 芸能人のような憧れの的をロールモデルにしない。ファンクラブに入会するわけではありませんから、自分が成功するのに必要な資質を持っている人を探すことが重要です。

3 他の人の間違いから積極的に学ぶ。試練を乗り越える幾通りかの方法の中から自分の性格や能力に合うものを選び、合わないものは避けるべきです。多くの場合、すべきではないことを学ぶのは、すべきことを学ぶのと同じくらい重要になります。

第7章

プレッシャーの下で活躍する

49

子ども時代のチャレンジ精神を取り戻す

九回裏、ツーアウト満塁。ホームランを打てば逆転サヨナラ勝ち。

多くの子どもは自分がこういう状況に置かれているのを想像したがります。いったい、なぜでしょうか？

英雄になって大勢の人の喝采を浴びたいという気持ちもあるでしょう。しかし、私はそれだけではなく、もっと深い理由があると思っています。人はみな、プレッシャーのかかる状況で自分に何ができるかに興味があるのです。自分が英雄として果敢に行動できるのか、それとも臆病者のように逃げるのかを知りたいのです。

私たちは子どものころ、すばらしい冒険を夢見ていました。プレッシャーについて心配することなく、自分の実力を証明する機会にワクワクしたものです。

しかし、大人になると自分の弱みが見えてきて自信を失い始めました。その結果、プレッシャーのかかる状況で失敗するのを恐れるようになったのです。落ち着いて取り組めばプレッシャーを克服できるのに、自分の力ではどうしようもない大きな障害が立ちふさがっていると錯覚するようになりました。

自分の能力を疑うようになると、その疑念が失敗につながります。自分にできることではなく、できないことを想像し、プレッシャーに耐えられなくなって、ついに自滅してしまうからです。

あなたはプレッシャーのかかる状況を乗り越えた子ども時代のチャレンジ精神を取り戻す必要があります。

ビクビクしながらではなく、ワクワクしながら明日を迎える必要があります。

世の中が不可能なことであふれているのではなく、可能性に満ちていることをもう一度感じる必要があります。

夢をあきらめるのではなく、夢を追い求める必要があります。

50

心に疑念が生じないよう万全の準備をする

プレッシャーのかかる状況に対処する私の心得は単純明快です。プレッシャーを味方にし、ストレスを敵とみなすのです。これは仕事でも私生活でも適用している私の哲学です。

プレッシャーはいつもなんらかの形で存在します。しかし、そのために仕事や人生に支障をきたさないようにしなければなりません。

ほとんどの人は「プレッシャーには良いものと悪いものの二種類がある」と言いますが、それは少し違うと思います。プレッシャーそのものは中立的であり、それをどう見るかが善し悪しを決めるからです。それを有効に活用すると良いプレッシャーになりますが、翻弄されると悪いプレッシャーになります。それがストレスです。

心の持ち方と同様、プレッシャーの対処の仕方についても選択することができます。それをワクワクすることとみなして味方にするか、心配して仕事に悪影響を及ぼすか、それはすべて自分次第です。

多くの人はプレッシャーの存在を否定したり軽視したりします。しかし、どちらも得策ではありません。あなたはプレッシャーの存在を認めて準備しなければならないのです。心の準備をしておけば、より効果的にプレッシャーに対処することができます。

プレッシャーそのものは敵ではありません。敵はストレスです。ストレスを感じるのは、十分な準備をしていないときや、安易な方法を探して楽をしようとしているときです。

わかりやすい例で説明しましょう。学生時代、普段の勉強を怠っていたとき、試験が近づくとストレスを感じた経験は誰にでもあるはずです。準備を怠っていると、どんな種類のプレッシャーでもすぐにストレスになるのです。そんなときは心に疑念が生じて、それが失敗を招きます。したがって、何としてでも心に疑念が生じないように十分な準備をしなければなりません。

51

ストレスを最小限にする七つの方法

仕事と人生にストレスはつきものです。それを最小限にする方法を紹介しましょう。

1 **物事を広い視野で見る。**ストレスは大なり小なり誰もが抱えているもので、すぐに命にかかわるようなものではありません。どんなに強いストレスでも、なんとか解決できると考えて心を落ち着かせることが大切です。

2 **規律に従う。**ストレスを感じているときほど、規律に従うことが重要です。問題から逃げるのではなく自分を厳しく律すれば、やがて道は開けてきます。

3 **今日のプレッシャーに集中する。**明日のことを心配して時間とエネルギーを空費してはいけません。自分に今できることを精一杯することです。そうすれば、明日のことは、より対処しやすくなります。明日の心配をして今日寝不足になると、疲れて仕事に身が入りません。今日全力を尽くせば、心身ともに楽になります。

4　大きな課題を細分化する。目の前の課題が大きいと圧倒されてしまうものです。そんなときはその課題をいくつかの小さい部分に分けて、一つひとつをコツコツと仕上げていくことです。そうすれば、どんなに大きな課題でも徐々に達成できます。

5　ネガティブな人に振り回されない。プレッシャーを感じているときに周囲の人から「どうせ無理だ」「できるわけない」などと言われると、余計にストレスを感じるものです。そんなときこそ、自分を励ましてくれるポジティブな人と接することが重要になります。

6　実行に費やす時間を増やし、不平に費やす時間を減らす。ストレスを感じると不平を言いたくなりますが、そんなことにエネルギーを浪費するのではなく、もっと建設的なことにエネルギーを使うべきです。

7　プレッシャーを有効に活用する。プレッシャーをネガティブにとらえるとストレスに屈してしまいます。プレッシャーを有効に活用し、自分の能力を最大限に発揮することが成否の分かれ目になります。

52

プレッシャーを味方にするには

私たちは自分のプレッシャーを見極め、それに押しつぶされるのではなく、それを有効に活用しなければなりません。

まず、プレッシャーの原因を明らかにすることです。たとえば、来週の月曜までに課題を上司に提出しなければならないとします。その場合、課題そのものがプレッシャーの原因ではありません。プレッシャーの本当の原因は、その課題を提出するための時間の使い方がまずいことです。これは多くのことについてあてはまります。

あなたの時間の使い方には改善の余地があります。**プレッシャーに対処する方法は、自分の課題を整理して優先順位をつけ、時間を有効に活用することなのです。**

たとえば、毎日、しなければならないことが多くてバタバタし、いつも精神的に落ち着かないとします。これは多くの人が経験する状態です。

では、どう対処すればいいのでしょうか？

前に説明したように、すべきことを書き出し、優先順位をつけることです。今日しなければならないことは何か、後でもいいことは何かを考えれば、答えはすぐに出ます。

さらに、今日しなければならないことの優先順位をつけます。その際、まず、嫌なことから手をつけて、一日のうちのなるべく早い時間帯にプレッシャーを軽減できるようにします。そして、より快適なことを残しておいて、一日をできるだけ快適に過ごせるように工夫するのです。

優先順位をつけることは、その日の課題への集中力をつけることにつながり、課題をより適切に処理することができます。こうしてプレッシャーのかかる状況を切り抜けることができれば、自尊心が高まります。

これがプレッシャーを味方にする方法です。プレッシャーを有効に活用すれば、課題を楽しむことができます。このようにプレッシャーは活用次第で、努力を結実させる原動力になるのです。

53

ピンチに強い人の秘密

アマチュアのゴルファーはコースに出て良いスコアを出しても、当日の試合で好結果を出せるかどうか不安になります。

ゴルフの帝王ジャック・ニクラウスはそんなことはありません。彼のような偉大なゴルファーはそういう不安を持たず、プレッシャーに屈しないのです。

なぜでしょうか？

偉大なゴルファーは膨大な時間を練習に費やし、プレッシャーに備えているからです。子どものころから裏庭で何万回もパットを沈めながら、マスターズで優勝する自分の姿を想像したことでしょう。それから何年もたって実際のトーナメントに出場したとき、プレッシャーのかかる瞬間に対して精神的な準備ができているのです。彼らは規律に従って猛練習をし、技術を磨き、完璧にできるまで何度も繰り返します。自分が成功に値すると確信できるまで努力していますから、プレッシャーにたいへん強いのです。

ロサンゼルス・レイカーズの元ゼネラルマネジャー、ジェリー・ウエストは史上最高のバスケットボール選手の一人です。現役時代は「ミスター・ピンチ」の異名をとり、ピンチのときでも試合を決めるシュートをしたがっていました。

なぜでしょうか？

たんに自分が目立ちたいからではなく、深い理由があります。

偉大な選手は才能と練習によって成功できることを知っています。シュートをミスすることもありますが、それをストレスとはみなしません。徹底した規律と完璧な練習から生まれる自信によって、シュートをミスするより決める確率のほうが高いことを確信しています。その自信が、ミスを恐れずに試合を決めるシュートをしたがる理由です。

偉大な選手は最高のパフォーマンスができるように、毎日、自分にプレッシャーをかけて勝つ訓練をしています。彼らはプレッシャーを楽しんでいるのです。

これはあなたにも必要な姿勢です。**プレッシャーのおかげで良い仕事ができるように、普段から自分を鍛え上げなければなりません。**

54

失敗への恐怖をバネにする

もし誰からも期待されていない状況に置かれたら、あなたはどうしますか？

自分は幸運だと思って楽をしながら、いずれ成功が訪れるのを待ちますか？

しかし、成功とはそういうものではありません。本当の偉大さは強いプレッシャーから生まれます。楽をして成功しようとしている限り、いつまでたっても平凡なままです。なぜなら、成功を招き寄せるのは、「ひたむきな努力」と「失敗への恐怖」だからです。

この最後の部分に注意してください。あなたは失敗を恐れなければならないのです。どの分野であれ、成功者に尋ねたら、正直な人は必ずそれを認めます。失敗への恐怖がモチベーションを高め、成功へと駆り立てる原動力になるのです。

プレッシャーがかかるとき、人はみな、程度の差こそあれ失敗を恐れます。しかし、そ

れでいいのです。失敗への恐怖を有効に活用すれば、大きな力を発揮することができます。

もし誰からも期待されていないなら、自分にプレッシャーをかければいいのです。そうすれば、おそらくどんな状況でも成功します。自分のパフォーマンスに最高の基準を設定するなら、上司が厳しいかどうかはもう関係ありません。ライバルが駆り立ててくれるかどうかも関係なくなります。なぜなら、絶えず自分と競争することになるからです。

個人的な目標を達成しようとするときでも、自分にプレッシャーをかけて競争モードに入るとたいへん効果的です。たとえば五キロ痩せるという目標の場合、自分に強いプレッシャーをかけなければ、たいへん退屈な目標になってしまいます。五キロ痩せることが自分を磨く重要なステップだと考えて自分にプレッシャーをかければ、心の持ち方がまるっきり違ってくるはずです。

このように自分にプレッシャーをかけることは、あらゆる状況で有効です。仕事であれ家庭であれ、プレッシャーから逃げるのではなく、自分に強いプレッシャーをかけると効果を発揮します。こういうアプローチなら、いつもワクワクできて成功への意欲が高まります。

私のスーパーヒーロー

ピティーノ監督がプロビデンス大学の監督に就任したとき、私は四年生でした。前年、チームの得点王だったので少し生意気だったかもしれません。振り返ってみると、うぬぼれていました。

ピティーノ監督は初日から、チームを常に優先するよう強調しました。個人の成績よりチームの成績を重視することを繰り返し説いて、選手たちに意識改革を迫ったのです。

私たちはみな、性格も背景も異なっていました。しかし、ピティーノ監督はどの選手と接するのもうまかったのです。

当初、私たちは新しい練習方針に戸惑いを感じましたが、自分たちが徐々にレベルアップしているのを実感し、やがて自信が芽生えてきました。魔法のようでした。

ピティーノ監督の教えで印象に残っているのは、人生では自分がしたことの結果を得るということです。監督はいつも、「最大限の結果を得るために、毎日、自分にプレッシャーをかけて、常に一一〇パーセントの努力をせよ」と力説していました。

私は今でもその教えを実践しています。事業を立ち上げて奮闘していますが、毎日、ピティーノ監督の声が心の中に聞こえてきます。「気をゆるめずに、もっと上をめざせ」「なれる最高の自分になる努力をしろ」「早く起きて、遅くまで頑張れ」などなど。私はそれらのことを監督から学び、人生の一部にしています。チームの目標を掲げるという監督の教えは、自分の事業の原点です。

私はピティーノ監督をスーパーヒーローとして尊敬しています。一緒にいてとても楽しいですし、自分もそのようになりたいと思っています。卒業して十年以上が経過しますが、今でもピティーノ監督に教えを仰いでいます。

——ドニー・ブラウン
（プロビデンス大学卒、飲料会社社長）

KEY POINT
キーポイント

プレッシャーとストレスの違いを認識しなければなりません。たいていの場合、プレッシャーがかかれば集中力が高まって良い仕事ができますが、ストレスは敵ですから集中力が奪われて良い仕事ができなくなります。

1 プレッシャーに対処する方法を見つける。プレッシャーに対する準備ができていればいるほど、プレッシャーのかかる状況を切り抜けることができます。プレッシャーを歓迎して有効に活用する方法を学べば、業績をあげて好結果につながるものです。

2 誰からも期待されていないなら、自分でプレッシャーをかける。そうすることによって、絶えず最善を尽くす環境が整います。

第 8 章

徹底的に粘り抜く

55

成否を分けるのは何か？

英雄が凡人と違うのは、より勇気があるからではなく、五分ほど長く勇気が続くからだ。
ラルフ・ワルド・エマーソン（アメリカの思想家）

これまでの章で、成功に値するために、強い自尊心を持ち、ポジティブな心の持ち方を維持し、自分に対して厳しい目標を設定することを学んできました。さらに、良い習慣を身につけ、知恵のある年上の人に教わり、プレッシャーを有効に活用することを学んできました。

しかし、ここからが難しいのです。

自分の計画に従って目標を達成するか、途中で落伍してしまうかを決定するのは何でしょうか？

それは「粘り強さ」です。

とくに秘訣があるわけではありません。複雑な方法があるわけでもありません。規律に従い、テクニックを習得した後で、本当の戦いが始まるのです。

あなたを偉大にするのは粘り強さです。あなたの夢を実現するのも粘り強さです。あなたが潜在能力をぞんぶんに発揮できる環境をつくるのも粘り強さです。

粘り強さの例をあげるとすれば、トーマス・エジソンをおいてほかにないでしょう。発明家として蓄音器や拡声器、白熱電球など千件以上の特許を取得し、生涯で多くの成功を収めた偉人です。

しかし、エジソンが何回くらい失敗したか想像してみてください。それは膨大な数になります。ただし、エジソン自身は失敗だとは考えていなかったようです。蓄電池の実験で約二万五千回も失敗したことを指摘されると、「うまくいかない二万五千通りの方法を発見することに成功したのだ」と答えたといいます。

なんと前向きな姿勢でしょうか。私たちはみな、こういう姿勢を身につけなければいけません。

56

成功を持続する人、しない人

どんな人でも一日、一週間、さらに一か月くらいは調子がいいときがあります。どんな地位や立場の人でも、やることなすことすべてがうまくいくことがあるものです。しかし、そんなときに成功に酔いしれ、ついつい気をゆるめているうちに調子を崩し、落ちぶれてしまうパターンをよく見かけます。

身近な例で説明するなら、半年ほどダイエットと運動に励んで痩せた後、油断して元の怠惰な生活習慣に戻り、またしても肥満になるといったことです。

しかし、成功した後でも気をゆるめずに好調を維持し、頂点に君臨する人たちは「卓越性の追求」を生涯の目標に掲げています。彼らは来る日も来る日も切磋琢磨し、一時の成功に酔いしれることなく目標をより高く上げ続けます。

卓越性の追求が短距離走ではなくマラソンであり、潜在能力を最大限に発揮することに時間の制限がないことをよく理解している証しです。

辞書によると「粘り強さ」とは、「絶対にあきらめないこと。不屈の精神で耐えること。何があっても継続すること」と定義されています。スポーツの世界では、どんなに形勢が不利でも途中であきらめず、最後まで頑張って勝利を収めるという意味で使われますが、それは人生でも同じです。

長年にわたって監督をしてきた経験から断言できることは、超一流のスポーツ選手の共通点は粘り強さだということです。彼らは「そんな夢は実現しない」と言われてもくじけず、何があっても自分を信じ続けて目標を追い求めます。

これはスポーツ選手だけでなく、どんな職業の人にもあてはまることです。今まで大勢の人を見てきて、私はそれを確信しています。

57

夢をかなえる絶対条件

以前、ケンタッキー大学にジャマール・マグロアという選手がいました。現在、NBAのマイアミ・ヒートで活躍している選手です。一年生でいきなりレギュラーになって頭角を現したのですが、ある試合で活躍できず、無得点に終わりました。翌日の練習で少し落ち込んでいる様子なので、私は彼と話をすることにしました。

「なぜだかわかりません」彼は言いました。「もっといいプレーができたはずなのに」

「よく考えてごらん」私は言いました。「君は去年まで競争の激しくない世界で大した努力もせずにプレーして成功していた。しかし、大学バスケットの世界では、みんないつも猛練習をしている。それなのに、君は自分が成功していないことを不思議に思っている」

ジャマールは十分な努力をせずに成功を期待していたことを理解しました。粘り強く努力を積み重ねていないのに、大学に入って数か月猛練習をしたというだけで自分が成功に値すると思い込んでしまっていたのです。彼は一流選手になる素質を秘めていましたが、まだまだ努力不足でした。なぜなら、粘り強さを発揮していなかったからです。

粘り強い人は不可能に見えるレベルにまでバーを引き上げ、その高みに達するのに必要な方法を確立します。なぜなら、中途半端な目標では不十分であることを理解しているからです。粘り強い人は何があっても途中であきらめません。なぜなら、そんなことをすれば、出発点に戻らざるを得ないことを知っているからです。

一生懸命に頑張っている人が成功を収めた後でさらなる努力を怠り、いつの間にか消えていく例をひんぱんに見かけます。好成績を収めた後で伸び悩んでいるスポーツ選手、当初は熱心に働いていたのに途中で情熱を失って低迷しているビジネスパーソン。彼らはみな初期の成功を収めた後で落伍していきます。

なぜでしょうか？

粘り強さが欠けているからです。最初はやる気満々でも、粘り強さが足りなければ、大きな夢をかなえることはできません。

58

成功者に共通する特徴

チームの財務担当者を探していたとき、マリオ・ガベリという適任者を見つけました。優秀なスタッフを百人近く抱えていたので、採用の条件を尋ねると、「ＰＨＤの精神を持っていること」と答えました。ＰＨＤとは「poor」「hungry」「driven」の頭文字です。

私は彼の答えに感銘を受け、それを基準に選手を採用するようになりました。

「poor」とは「経済的に貧しい」という意味ではなく、「知識欲に飢えていて勉強熱心」という意味です。「hungry」とは「絶対に成功するというハングリー精神を持っている」ということで、平凡な業績では満足しない人のことを指します。「driven」とは「野心的な目標を掲げ、猛烈な勢いでそれを追求する」というような意味合いです。

たとえば、プロのスポーツ選手は複数年契約を結ぶと、最終年に最高の結果を出すために奮闘する傾向があります。なぜなら、その年が終わると次の契約を結ばなければならないので、それまで以上の好成績をあげようと躍起になるからです。

しかし、なぜ彼らは契約最終年になってようやく本気になるのでしょうか？

なぜ最初から必死にならないのでしょうか？

私は新年の抱負についても同じようなことが言えると思っています。アメリカでは十一月中旬になると来年の抱負を決めるのが習わしです。「もう少しで新年になるから、年が明ければダイエットと運動に励んで五キロの減量をする」という抱負が典型的な例で、周囲の人にもそう喧伝します。しかし、新年になるまでずっと高カロリーの食品を食べながらテレビを見て過ごすのです。問題は、そういう姿勢では十一月半ばから年末にかけて五キロ太ってしまうことで、それでは抱負の意味がありません。

あなたがしなければならないのは、年間を通じて「新年の抱負」に取り組むことです。年中、強い決意、熱意、勢いで、それをするのです。それこそが粘り強い人が実行していることです。彼らは新年の抱負を果たすために毎日熱心に取り組んでいます。

ＰＨＤの精神を持っている人は常に好奇心が旺盛で、楽観主義を貫き、並はずれた集中力を発揮します。職業に関係なく、ＰＨＤの精神は成功者に共通する特徴です。

59

成功する人の考え方

アメリカンフットボールの名監督ビンス・ロンバルディは、「努力すればするほど、屈するのが困難になる」という名言を残しています。これは今でも真理です。

本当の意味で粘り強い人は、精神的・肉体的にどんなに疲労しても絶対に屈しません。彼らは自分の旅が近道と安易な目標によって成り立っているのではないことを理解しています。なれる最高の自分になるために常に努力を重ねています。毎日の課題を試合とみなし、絶対にあきらめないという姿勢で勝つ準備をしています。

彼らは努力の大切さを肝に銘じ、いつも前向きな姿勢で物事に臨んでいます。猛烈な努力をすることによって成功することを予期しています。夜寝るときに失敗について心配するのではなく、翌朝起きて再び成功することを期待して就寝します。

彼らは毎日自分に目標を設定し、その達成に全力を傾けます。そして自分の出来ばえを冷静に評価して今後の課題を明らかにし、創意工夫をして弱みを克服します。

彼らは絶えず真剣勝負を挑みます。そうすることによってより能力を発揮し、最高の自分に近づくことを知っているからです。

彼らはいつも自分に期待されていることだけをするのではなく、さらにそれ以上のことをします。

彼らはどんなことがあっても集中力を乱さず、目標に向かって邁進します。


なぜでしょうか？

ずっとひたむきに努力してきたので、それが習慣になり、もはや途中でやめることができないからです。

彼らは挫折したとき、いつまでも落ち込みません。常に明日があることを確信し、復活する機会に備えます。どんな障害が立ちふさがっても、必ず物事をやり遂げます。

60

失敗から学んで強くなる

人はみな時には失敗するものです。しかし、失敗は人生の一部であり、将来の成功のための肥やしであることを忘れてはいけません。

人々はよく「失敗から学ぶことはない」と言いますが、私はそうは思いません。失敗から教訓を学べるからです。このように失敗は有効に活用すれば意義深いものになります。

失敗が本当に悪いものとなるのは、それをあきらめる口実に使うときだけです。たとえば、一生懸命に努力したのに昇進できず、ライバルに負けたとしましょう。そのときの対処法は二つあります。一つは、失望のあまり意欲をなくし、昇進をあきらめ、ライバルに負けたことを悔やんで時間を浪費することです。もう一つは、すぐに気持ちを切り替えて、次の機会に備えるために時間とエネルギーを有効に使うことです。

失敗に関するもう一つの危険なことは、失敗したことを悔やんでばかりいて失敗の原因を検証しないなら、同じ失敗を繰り返す可能性が高くなることです。

私はこれまで、努力したのに成果が得られず、粘り強さを失った人をたくさん見てきました。しかし、たとえすぐに成果が得られなくても、粘り強く課題に取り組む人だけが、長い目で見ると夢を実現します。

私の仕事で説明しましょう。チームが最高の成績を残すには優秀な人材が欠かせません。そこで、どの監督も戦力アップに向けて補強に躍起になります。とはいえ、選手との面談や家族への説得はとても骨の折れる作業です。時間と労力を費やして目当ての選手を口説いても、他のチームに行ってしまうことはよくあります。そんなときは本当にがっかりしますが、私はすぐに気持ちを切り替えて次の選手にアタックします。

これはどの仕事でも同じです。どんなに優秀なセールススタッフでも「失敗のほうが成功よりも多い」と言うはずです。では、なぜ彼らは成功するのでしょうか？

粘り強いからです。彼らは失敗を想定するだけでなく、失敗すればより強くなれることを知り、挫折からすぐに立ち直って挑戦を続けます。失敗とは道路のくぼみのようなものにすぎませんから、そこから這い上がって前進を続ければいいのです。

KEY POINT
キーポイント

短期間なら誰でも業績をあげることができます。しかし、長期にわたって成功したいなら、物事に粘り強く取り組まなければなりません。

---

1 知識欲が旺盛で、ハングリー精神を持ち、常にモチベーションを高めておく。

2 努力という代償を払う。努力すればするほど、簡単に屈しなくなります。

3 途中の障害物にめげない。うまくいかないからといって落伍するのではなく、修正をしながら前進を続けるだけの柔軟性を持たなければなりません。

4 「あきらめる」という言葉を自分の語彙の中から排除する。これこそが粘り強さの本質です。成功する人は、絶対にあきらめません。あきらめる人は、絶対に成功しません。

第 9 章

逆境から学ぶ

61

逆境に立ち向かう姿勢を持つ

人はみな、毎日のように発生する試練に心の準備をしておかなければなりません。人生は完全ではないことを知っていれば、あきらめたくなる衝動を避けることができます。

とはいえ、どんなに強い精神力を持っていても、深刻な事態が発生して打ちのめされることもあります。自分ではどうにもならないことが起こり、夢がついえたように思えることもあるでしょう。よもやの大失態を演じ、それまでの苦労が水の泡になってしまうこともあるかもしれません。金銭問題や人間関係の破綻、愛する人との死別など、自信を喪失するほどの大きな逆境を経験して自分の能力を疑い、状況が好転するかどうか疑問に思うこともあるでしょう。

逆境は誰もが経験します。たとえ今は安泰でも、次の瞬間もそうとは限りません。生きている限り、逆境は避けて通ることができないのです。

しかし、歴史を振り返ると、大きな逆境を乗り越えて偉業を達成した人はたくさんいます。リンカーンは苦難に満ちた子ども時代を過ごし、うつ病に悩まされ、二人の息子を失うという悲劇を経験し、南北戦争では非難を浴びましたが、アメリカ史上最高の大統領という評価を得ています。ヘレン・ケラーは盲聾《もうろう》唖《あ》の三重苦を乗り越えて社会福祉家として活躍しました。フランクリン・ルーズベルトはポリオに冒されて歩けなくなったにもかかわらず、大統領として国民を鼓舞してアメリカを勝利に導きました。

その秘訣は何でしょうか？

意志の強さ、不断の努力、確固たる自信です。

私たちは歴史上の偉人とは立場も状況も異なりますが、彼らから学ぶことはたくさんあります。彼らこそ最高のロールモデルです。彼らの不屈の精神はすべての人の励みになります。私たちも彼らを見習い、逆境に立ち向かう術を学ばなければなりません。

逆境は自分を冷静に見つめ直す絶好の機会です。なぜ自分が逆境に直面しているのかを理解し、教訓を学び、自分の強みを認識して初めて、人生の戦いに復帰するための戦略を練ることができます。

62

厳しい質問を自分に投げかける

私たちが仕事や私生活で経験する逆境について考えてみましょう。

まず、自分が失敗したら、その失敗を受け入れることです。あなたはそれを人のせいにすることはできません。運命のせいにすることもできません。そんなことをすると、自分の人生をコントロールすることはできないという誤った考え方に陥るだけです。

あなたは自分の運をつくり出しています。あなたは自分の決定にもとづいて自分に起こることをつくり出しているのです。あなたは自分の行動、または行動しないことによって自分の将来をつくり出しています。

とはいえ、どれだけ優秀な人でも失敗は避けられません。三割バッターですら十回に七回は失敗します。ホームランバッターは三振の数も多いのが実情です。最高のセールススタッフでも業績があげられない日もあります。一流の芸術家でも、いいものが創造できない日がよくあるものです。このように、人はみな時には失敗します。

問題は、その失敗にどう対処するかです。

自分を哀れみ、「成功なんて無理だ」と自分に言い聞かせてあきらめるか、失敗から学んで何度も挑戦し、着実に前進するか、どちらかです。

あなたは「哀れみの会」の会員の声に耳を貸してはいけません。彼らは「できるはずがない」「やるだけ無駄だ」などと言って、あなたを引きずり下ろそうとするからです。

すべての状況をコントロールすることはできないかもしれませんが、失敗に対して言い逃れをするのは間違っています。失敗に対しては自分を見つめ直す必要があるのです。

そこで、あなたは失敗するたびに厳しい質問を自分に投げかけなければなりません。

たとえば、「市場の変化に十分な準備をしていたか？」「目標からそれていたのではないか？」「十分な努力をしたか？」「意志が弱くてやり遂げなかったのではないか？」「心の持ち方に問題はなかったか？」などなど。

そうやって自分の弱みを見極めることができれば、言い訳を排除して再び前進することができます。

63

絶対に負けないという強い意志を持つ

挫折したときに自分がどう対処しているかには注意しなければなりません。とくに、周囲の人にどんな振る舞いをしているかは、とても重要です。

人のせいにすることは避けなければなりませんが、業績が低迷している組織ではそうなりがちです。従業員一人ひとりの役割が疑問視され、特定の人や部署が糾弾され、たがいに責任をなすりつけ、中傷合戦が始まることがよくあります。その結果、全体の士気が下がり、組織にとっても個人にとっても致命的な打撃を負うのです。

あなたは組織の業績不振の責任の一端を受け入れなければなりません。どんな職場でも自分がその一員として同じ使命をめざして努力し、全員が運命共同体であることを認識しなければならないのです。

私は監督として、巻き返しが不可能と思われた状況で逆転勝利を収めたことが何度かあります。残り10分で31点負けていた試合や、残り５分で10点負けていた試合をひっくり返したこともありました。

こういう状況では、必ず一つの共通点があります。選手同士がたがいに非難しないことです。

重要なのは、全員が自分たちを信じ、一丸となって勝利をめざすことです。「絶対に負けない」という強い意志を持ち、力を合わせて戦い抜く姿勢が欠かせません。

これは組織だけでなく個人についてもあてはまります。**失敗の原因を究明し、失敗に責任を持ち、計画を練り直して再挑戦することが逆転の秘訣です。**その重要性はいくら強調してもしすぎることはありません。

自分の運命を呪ったり、自分を哀れんだりすることは避けるべきです。逆境から立ち直ることはできないと思い込んでしまってはどうしようもありません。敗北に打ちひしがれていると、ますます敗北を引きずるだけです。くよくよしていると「何をしてもダメだ」という思いにとらわれ、身動きがとれなくなってしまいます。

64

逆境に直面したときにすべきこと

逆境に直面すると、誰でも自分の力を疑うようになります。企業やチーム、クラスなど、どんな組織でも、それは基本的に同じです。困ったことがあればあるほど疑念は強まります。やがてその疑念は膨れ上がり、あらゆることに悪影響を及ぼします。

では、どうすればその疑念に打ち勝つことができるのでしょうか？

基本に立ち返ることです。

もちろん、変化が必要になることもあります。時には戦略の一部を見直さなければならないのも事実です。しかし、逆境に直面すると、人々はそこから早く抜け出したいあまり、基本を無視しやすいのです。

変化のための変化は、不確実さが生じますから要注意です。

これは組織でよく見られる現象です。多くの組織は難局に直面するとすぐに自分たちのやり方を疑問視し、大胆な実験的試みを開始します。新しいやり方を模索するのはいいのですが、その過程で、過去の成功を可能にした基本を忘れてしまうのです。

それは個人についてもあてはまります。人は失敗すると自信を失い、自分の能力を疑問視する傾向があるのです。そしてその疑念は自分の行動計画への疑問につながり、究極的に自滅につながります。

逆境のときこそ、基本に立ち返ることが重要です。もちろん改善することも必要ですが、これまで業績をあげてきた方法論そのものを捨て去る必要はありません。基本に忠実な態度は不安をぬぐい去り、軌道修正するのに役立ちます。これはスランプに陥っているゴルファーが素振りをして自分のスイングを点検し、悪い癖がついていないかを確かめるのと似ています。

どんな種類のスランプであれ、基本に立ち返ることが重要です。それは前向きな行動であり、状況に振り回されるのではなく、状況をコントロールすることにつながります。基本に立ち返って正しい努力をすることが、逆境を克服する秘訣なのです。

65

自分のビジョンに信念を持つ

自分のビジョンに信念を持ち、それを貫いた人物として、テッド・ターナーとアレン・ニューハースの例をあげることができます。

ターナーが24時間ニュースを放送するテレビ局の発足、ニューハースがアメリカ初の全国紙の発刊という新規事業の計画を発表したとき、人々はこぞって「そんなアイデアは絶対にうまくいかない」と言いました。当初、二人はこのように否定的な意見をさんざん聞かされたのです。

しかし、ターナーとニューハースは自分の意志を貫きました。最初の数年間にCNNテレビと『USAトゥデイ』紙が大赤字を出したときでも、自分を疑わず、冷静さを維持し、判断力が曇らないようにしました。

その後、CNNテレビと『USAトゥデイ』紙はニュース産業に革命を起こしました。なぜそんなことができたのでしょうか？

ターナーとニューハースは自分のビジョンに信念を持っていただけでなく、逆境と批判に直面したときも、それを貫く勇気を持っていたからです。

しかし、それが簡単でないことは誰もが知っているとおりです。それには粘り強さと強い意志の両方が必要になります。おそらくもっと重要なのは、自分のビジョンに揺るぎない信念を持つことです。なぜなら、**失敗したとき、その原因は目標そのものが間違っているのではなく、たんにやり方がまずいことが多いからです**。したがって、やり方を修正しながら、当初のビジョンを貫くことが重要になります。

もし何かを信じるなら、その夢を実現する過程で失敗を犯すかもしれません。しかし、自分の信念を貫いて初めて、ようやく成功にまでたどり着くことを覚えておく必要があります。

66

今日の失敗を明日の成功につなげる

どんなときでも品位を保って立派に行動することの重要性は、いくら強調してもしすぎることはありません。人間性が試される厳しい状況では、とくにそうです。なぜなら、そんなときは人間の最悪の本能が表に出てきやすいからです。

どんな状況であれ、誠実に行動しなければなりません。なぜなら、今日のイメージは明日の出来ばえを大きく左右するからです。したがって、そのイメージはポジティブなものでなければなりません。

バスケットボールのスカウトの話で説明しましょう。スカウトでは粘り強さが成功に欠かせません。実際、スカウトで敗北を喫しても明日の勝利につながることがあるくらいです。なぜでしょうか？

目当ての選手が在籍する高校の監督は、私の潔い態度に感銘を受けると、将来、別の有望な選手を推薦してくれることがあるからです。

ケンタッキー大学の監督だったころ、オークヒル高校の有望な選手を土壇場で他のチームにとられてがっかりしたことがあります。そんなとき悔し紛れに選手を非難するケースがよくあるのですが、私は潔く負けて次のチャンスを期待しました。それを見てのことだと思いますが、同校の監督が別の有望な選手を紹介してくれたのです。

そんな一人がロン・マーサーです。彼が加入してくれたおかげで私のチームは全米学生選手権で優勝することができました。もしあのとき私がネガティブな対応をしていたら、おそらくそういう展開にはならなかったと思います。

この経験から学ぶべき教訓は、バスケットボールを超えて人生全般に及びます。たとえば、セールススタッフが営業を断られたときにネガティブな態度をとると、その相手については もう終わりといっても過言ではありません。しかし、もし断られても気持ちよく対応すれば、相手は必ずと言っていいほど次のチャンスをくれます。

私たちは自分がいつも評価されていることを自覚し、そのときはどんなに辛い思いをしても、今日の失敗を明日の成功につなげるようにしなければなりません。

67

人生の悲劇に対処する

人はみな私生活で逆境を経験します。病気や怪我、愛する人の死など悲しい出来事は避けることはできません。

そういう悲劇に見舞われると、人生は本当に辛いものになります。夢や希望を失ってしまうかもしれません。そんなとき、どうやって逆境を乗り越えればいいのでしょうか？

その方法は一つしかありません。とにかく精神的にタフになることです。

まず、人生は不条理で満ちていて、すべてのことに適切な解決策があるわけではないことを悟らなければなりません。その出来事をどう解釈しようと、精神的にタフになって耐えるしかないのです。人生の悲劇を乗り越えるか、絶望の淵に沈んで二度と立ち上がらないか、どちらかしかありません。

数年前、末の息子を病気で亡くしたとき、私たち夫婦は胸が張り裂けるほど悲しい思いをし、夜も眠れない日々が続きました。監督の仕事は続けましたが、とても苦しい日々でした。その後まもなく父を亡くしたのですが、このときも言葉では言い表せないほど辛く感じました。しかし、一緒に過ごした長い年月に思いをはせ、世界で最もすばらしい父に恵まれたことに感謝しました。今でも父のことを思い出すと喜びがこみ上げてきます。

もちろん、愛する人を失ったことで泣きたくなったり、いたたまれない寂しさに襲われたりすることはどうしてもあります。しかし、その人と一緒に過ごすことができた幸せに感謝するべきです。そして、感謝するためには心の持ち方を変える必要があります。

それが人生という名の真剣勝負を挑むための心得です。精神的なタフさというのはそういうことです。

私生活で悲劇に見舞われたとき、二つの選択肢があります。それに屈するか、それを切り抜けてより強くなるか、どちらかです。くじけてしまって夢をあきらめるのではなく、周囲の人に感謝して毎日を充実させて生きていくことが重要になります。

人生に対処するには、あなたは常に前向きでなければなりません。それが正しい方法だからというのではなく、それが唯一の方法だからです。

KEY POINT
キーポイント

逆境を経験したときは、それと正面から向き合うことが重要です。逃げたり無視したりしても、逆境は消えるわけではありません。

1 逆境を受け入れ、それに対処する方法を探す。解決策が見つかればすぐに行動を起こしましょう。最善を尽くして行動すれば、逆境は解決し始めることが多いものです。

2 自分の失敗を受け入れる。失敗の原因を特定し、繰り返しを避けるために何をすべきか見極めましょう。

3 変化のための変化を避け、基本に忠実になる。基本は成功の土台であり、逆境のときはとくに重要さを増します。

4 自分のビジョンに信念を持つ。たいていの場合、間違っているのは目標ではなく、それを達成するための方法です。

5 私生活で悲劇に見舞われても絶望しない。愛する人を大切にし、希望を持つことが重要です。逆境から貴重な教訓を学び、それを今後に生かす姿勢を持てばいいのです。

第 10 章

成功した後で生き残る

68

成功を持続させる秘訣

逆境を乗り越えるために苦闘することは、最も厳しい試練のように思えるかもしれません。しかし、あなたにとって最大のハードルは、成功した後で生き残ることなのです。

あなたは「成功すれば旅の最終地点ではないか」と反論するかもしれません。

たしかに、成功するまでは長い道のりだったことでしょう。自分の強みと弱みを絶えず検証して自尊心を高め、集中の妨げになるものを排除して良い習慣を継続し、行動計画を修正しながら好調を維持し、それまでよりもひたむきに努力し、ついにあなたは成功を収めたのです。

その成功とは、一生懸命に努力した末に昇進と昇給を勝ち取ったことかもしれません。あるいは、二〇キロ痩せたり、ゴルフのスコアを伸ばしたりしたことかもしれません。あなたはようやく自分の時間、財務、将来をコントロールしていることを実感し始めたのです。ようやく落ち着いて気分よく過ごせるようになりました。

こうして成功を収めるために頑張ってきたのですから、リラックスして努力の成果を楽しむ権利があります。

なるほど、それはそのとおりです。しかし、ここで注意しなければならないことがあります。**どんなに努力家でも、「これで成功したから旅は終わりだ」と思ったとたん、怠け癖がついてしまうおそれがあるということです。**あなたは、旅が終わることはないことを肝に銘じなければなりません。

この本で紹介するさまざまな方法は終わりのある旅ではなく、常に循環しているプロセスであり、持続的な成功と自己改造のためのノウハウです。真の成功者は常に次のレースが始まるのを知っていますから、気をゆるめることはありません。

いったん成功すれば、その時点で全体の10分の9を達成したことになります。しかし、この最後のステップを習得しなければ、収めた成功を維持することはできません。

69

人間を堕落させるウイルス

成功には危険が伴います。成功は地雷のようなもので、どこに破滅の罠が隠れているかわかりません。成功には長期保証が付いているわけではなく、油断していると、せっかく手にした成功が一夜にして失敗につながるおそれがあるのです。

それはいつ、どのようにして起こるのでしょうか？

成功の美酒に酔いしれて、自分が成功を手にするまでにしてきた努力を忘れたときに起こります。そんなときは、自分がこれから転落していくことを覚悟しなければなりません。

なぜなら、油断という致命的な罪悪を犯しているからです。

この現象は仕事でも私生活でも日常的に起こっています。わかりやすい例で言えば、ダイエットに励んでいる人がそうです。毎日、ハンバーガーの代わりに野菜サラダを食べ、甘い物を控え、ジャンクフードをやめ、ウォーキングなどの運動に励んで、やっと減量に成功します。そこでその人はどうするでしょうか？

成功を祝うために高カロリー食品をたらふく食べて何日間も過ごし、やがて元の体重に戻ってしまうのです。これは極端な例ではなく、むしろ一般的なパターンと言えます。

仕事であれ私生活であれ、多くの人はひたむきに努力して業績をあげたとたん、坂道を転げ落ちるように衰退する傾向があります。たとえば、目当ての女性を何年間も追い求めてきた男性がその女性と結婚したとたん、もう彼女の愛情を維持するために努力する必要はないと思い込んで油断することがそうです。じつは、この現象は仕事にもあてはまります。好調だったセールススタッフが翌年から急に業績を落とすのは、その典型です。

なぜでしょうか？

目標を達成したことで満足感に浸り、さらなる努力を怠ってしまうからです。

なぜ多くの人がこの罠にひっかかるのでしょうか？

成功の陰に潜むウイルスが、その人の心を侵して引きずり下ろすからです。成功の美酒に酔いしれているとき、あなたはその危うさを肝に銘じなければなりません。

70

なぜ、あの優良企業が転落したのか

多くの人が偽りの自尊心を持っています。賞賛に値するようなことは何一つしていないのに、おだてられて気分が良くなっているだけです。それは自尊心ではなく慢心にすぎません。自尊心とは、努力して得るものなのです。

しかし、自尊心が確固たる努力にもとづいている人ですら、怠け癖がつくことはよくあります。業績をあげると、大半の人が満足してしまうからです。しかも周囲の人からちやほやされるので、自分が偉くなったような錯覚に陥ります。その結果、知らず知らずのうちに傲慢になり、「自分は成功者だから失敗とは無縁だ」などと思ってしまうのです。

このような態度は個人だけでなく企業にも影響を与えます。自動車業界ではゼネラル・

モーターズ、コンピューター業界ではＩＢＭが典型です。

なぜ、ＩＢＭのような優良企業が転落したのでしょうか？

最大の理由は、成功の美酒に酔いしれたからです。コンピューター業界で不動の地位を築いたと思い、マイクロソフトとの熾烈な競争の準備を怠ったのです。

たしかに、ＩＢＭの人たちは生産性の向上に努めていましたが、成功を収めたことで慢心が生じ、変化に適応しようとしませんでした。その後、ＩＢＭは競争力を取り戻すために、外部からルイス・ガースナーを最高経営責任者として招きました。現在、ＩＢＭは業績を回復させ、以前よりも強くなっています。

ＩＢＭの事例が象徴しているのは、安心が慢心につながるということです。その結果、当初の躍進を可能にした創造力、適応力、行動力を失ってしまったのです。

私は監督としてケンタッキー大学と複数年契約を交わしていましたが、心の中ではいつも一年契約のつもりで仕事をしていました。そうすることで慢心に陥らないよう常に自分を戒めたのです。

あなたも自分と一年契約をし、毎年それを更新する必要があります。なぜなら、それによって怠け癖を防止して努力を継続し、いつも最高の自分でいることができるからです。

71

自分の成功の軌跡を記録する

仕事であれ私生活であれ、何かを成し遂げたら、それを記録する必要があります。その際、「自分はどのようにしてそれを成し遂げたのか？」と自問すると効果的です。具体的には、どんな方法が効果的で、どんな方法が効果的でなかったかということです。

それを検証することによって、業績につながった要因が把握できます。それは次の二つの理由できわめて重要です。一つは、成功の要因がたんなる幸運ではなく努力であることを思い起こすのに役立つからです。もう一つは、じつはこちらのほうが重要なのですが、努力は実を結ぶことを実感できるからです。

これは強力なメッセージになります。成功の恩恵に浴しているときはなおさらです。とくに、努力は実を結ぶという真理は絶対に忘れてはいけません。

それは、これまで紹介してきたすべての成功法則の底流にあるテーマです。人は努力を積み重ねて潜在能力をぞんぶんに発揮し、やっと成功にたどり着くのです。

しかし、成功したとたん、それを忘れてしまう人があまりにも多いのが実情です。まるで、長い眠りから覚めたら突然成功していたと錯覚し、自分がどうやって成功したかを覚えていないかのようです。

一定の成功を収めた瞬間、慢心して油断する選手が多いことにはいつも驚かされます。ある選手は二軍時代に猛練習をし、ようやく一軍に上がってレギュラーの座を手に入れました。試合前に自分の名前が場内アナウンスで紹介されることが少年時代からの夢だったのです。しかし、その夢がかなったとたん、練習に身が入らなくなりました。

私にはそれが理解できません。**成功して努力をやめるなら、成功は災いの種になります。まるで、山頂に到達したら、すぐに下山するようなものです。**

私は彼をスタメンからはずして様子を見ました。すると彼は慢心の危うさに気づいて猛練習を再開し、さらに力をつけて試合で活躍するようになりました。

一定の成功を収めた後でも、卓越性を追求し続けなければなりません。それには自分の成功への軌跡を記録し、基本事項を再認識することが必要になります。

72

ハングリー精神を維持する

「壊れていないなら修理するな」という格言があります。機能しているのなら、わざわざ修理する必要はないという意味です。

しかし、こんな教えに従ってはいけません。**私に言わせれば、「壊れていなくても修理しろ」となります。成功を収めても、常に改善に努めなければ生き残れないからです。**

全米大学選手権で優勝したチームの多くが、その後、成績不振にあえいでいるのは、優勝するのに必要なことはすでにしていると勘違いしてしまうからです。私はミーティングを開いて、そういうことのないよう周知徹底しました。「王者になったことの感動を覚えておくのはいい。しかし、自分たちはもう完璧なのだから、これ以上何もしなくても安泰だと思うと転落が始まる」と警告したのです。

そこで私は、より高い目標を設定したり、より厳しい要求を課したりして、選手たちがハングリー精神を維持するよう配慮しました。

私自身、ハングリー精神を失って、モチベーションが下がってしまわないとも限りません。もしそんなことになると、たいへん厳しい状況に直面することになるのは目に見えています。

「壊れていなくても修理しろ」という方針に従えば、そういう事態を未然に防ぐことができます。成功を収めたら、あなたはその方針を必ず実行しなければなりません。ひたむきに努力し、大きな夢を見て、その夢をかなえるための新しい方法を見つけるのです。そしてそれが実現すれば、また改善する。それを繰り返すのです。

ナイキとマクドナルドの宣伝を見れば、常に改善に努めていることがよくわかります。この二つの優良企業は、市場に変化を迫られる前に、絶えず市場に変化をもたらしているのです。

私たちはそういう姿勢を見習わなければなりません。創造性を発揮し、自分のやり方を改善しなければ、どんどん追い抜かれて、あっという間に取り残されてしまうのです。

73

破産しないための心得

大成功を収めた人や会社が破産申告するのをよく見聞きします。しかし、もし成功の美酒に酔いしれると墓穴を掘ることを知っていたら、そんな事態は避けられたはずです。

転落の原因は能力不足ではありません。能力が不足していたなら、成功しなかったはずです。本当の原因は、目標を見失ったことにあります。その結果、成功の基本をおろそかにしてしまったのです。

どうすればその落とし穴を避けることができるでしょうか？

どの分野であれ、常に競争することです。場合によっては自分と競争することです。

いつも勝てるとは限りませんが、その場合でも次の機会に勝利するよう最善を尽くすことが重要です。言い換えれば、いつも成功することは保証できなくても、自分に成功の機会を保証することはできるということです。大切な心得を指摘しましょう。

1　成功の瞬間を楽しみ、前進を続ける。成功したら嬉しくなるのは人間の常です。努力の成果を祝い、業績を誇りに思うのは当然でしょう。しかし、祝杯をあげて気持ちが落ち着いたなら、さらなる努力を開始しなければなりません。

2　規律に従う。成功の美酒に酔いしれると、それまでの厳しい道のりを忘れてしまいがちです。自分が成功したのは努力の賜物であることを思い起こす必要があります。再び成功するためには、ひたむきに努力する以外にありません。

3　新しい目標を設定する。自分に対してより高い要求をしなければなりません。モチベーションの高い人は、いつもそれを実行しています。彼らは満足することを拒み、まだ潜在能力を発揮できると確信し、もっと大きな業績をあげようと考えます。

市場は同情してくれません。常に良い製品やサービスを提供しなければ勝ち残れないのです。それは人生の縮図と言ってもいいでしょう。私たちは成功しても油断せず、さらに高みをめざさなければならないのです。

KEY POINT
キーポイント

夢に最終地点はありません。生き残るためには、成功して満足感に浸るのではなく、毎回、より大きな成功をめざさなければならないのです。

1 成功を収めたら気を引き締める。目標を達成して「これでいい」と思うと没落が始まります。成功に酔いしれて気をゆるめると、せっかく克服した以前の悪い習慣に戻ってしまいます。

2 成功するために努力を積み重ねたことを忘れない。成功するために自分が使った方法を念入りに検証し、それを書きとめましょう。成功の要因がたんなる幸運ではなく、努力の積み重ねと正しい方法だったことがわかるはずです。

3 常に改善する。成功者は自分のすることをいつもレベルアップします。成功への旅が終わりのないプロセスであることを認識し、創造性を発揮して常に向上をめざすことが重要です。より良くならなければ、より悪くなることを肝に銘じましょう。

おわりに

仕事やスポーツ、芸術などの分野で驚異的な能力を発揮する人がいます。彼らはいとも簡単に業績をあげているように見えるものです。普通の人よりはるかに優れた才能を持ち、自分には到底及ばないレベルで活動しているように思えることでしょう。

しかし、彼らが何かをたやすくできるようになるまでにどれだけ努力し、どれだけ苦労したかは誰も知りません。たとえば、バレリーナの優雅な演技を見ても、何年間もバレー教室で厳しい練習を積んだ姿は見えません。フィギュアスケートの選手の華麗な演技を見ても、冷たい氷に身体を叩きつけられて痛い思いをしている姿に思いをはせません。体操選手がオリンピックで脚光を浴びているのを見ても、練習中に転倒して苦闘している様子は想像しません。

要するに、私たちはプロセスではなく成果だけを見ているのです。

じつは、そのプロセスはとても長くて厳しいものです。成功を収めている人は頂点を極めるために代償を払ってきただけでなく、いったん到達した高いレベルを維持するために代償を払い続けています。

ただし、いつもバタバタして忙しそうにしているのとは違います。それは仕事に振り回されているだけで、成功とはまったく別のものです。

長期にわたって成功を収める人は、たいへんポジティブな資質を身につけています。規律に従って行動計画を実行し、大きな業績をあげます。努力家で、いったん成功しても決して油断しません。私たちはみな、そういう人の姿勢を見習うべきです。

この本で紹介しているさまざまな方法は、長期にわたって成功を収めるための青写真と言えます。皆さんが業績をあげて充実した人生を送るうえで、ご参考になれば幸いです。

リック・ピティーノ

発行日　2023年12月22日　第1刷

成功をめざす人に知っておいてほしいこと 新版

Author　リック・ピティーノ
Translator　弓場隆
Book Designer　三森健太(JUNGLE)

Publication　株式会社ディスカヴァー・トゥエンティワン
〒102-0093　東京都千代田区平河町2-16-1 平河町森タワー11F
TEL　03-3237-8321(代表)　03-3237-8345(営業)
FAX　03-3237-8323　https://d21.co.jp/

Publisher　谷口奈緒美
Editor　藤田浩芳　小石亜季

Distribution Company
飯田智樹　蛯原昇　古矢薫　山中麻吏　佐藤昌幸　青木翔平　小田木もも　松ノ下直輝
八木眸　鈴木雄大　藤井多穂子　伊藤香　鈴木洋子

Online Store & Rights Company
小田孝文　川島理　庄司知世　杉田彰子　阿知波淳平　磯部隆　王廳　大﨑双葉
近江花渚　仙田彩歌　副島杏南　滝口景太郎　田山礼真　宮田有利子　三輪真也
古川菜津子　高原未来子　中島美保　石橋佐知子　伊藤由美　蛯原華恵　金野美穂
西村亜希子

Publishing Company
大山聡子　大竹朝子　藤田浩芳　三谷祐一　小関勝則　千葉正幸　伊東佑真　榎本明日香
大田原恵美　小石亜季　志摩麻衣　舘瑞恵　野村美空　橋本莉奈　原典宏　星野悠果
牧野類　村尾純司　元木優子　安永姫菜　浅野目七重　林佳菜

Digital Innovation Company
大星多聞　森谷真一　中島俊平　馮東平　青木涼馬　宇賀神実　小野航平　佐藤サラ圭
佐藤淳基　津野主揮　中西花　西川なつか　野﨑竜海　野中保奈美　林秀樹　林秀規
廣内悠理　山田諭志　斎藤悠人　中澤泰宏　福田章平　井澤徳子　小山怜那　葛目美枝子
神日登美　千葉潤子　波塚みなみ　藤井かおり　町田加奈子

Headquarters
田中亜紀　井筒浩　井上竜之介　奥田千晶　久保裕子　福永友紀　池田望　齋藤朋子
俵敬子　宮下祥子　丸山香織

Proofreader　文字工房燦光
DTP　一企画
Printing　大日本印刷株式会社

定価はカバーに表示してあります。本書の無断転載・複写は、著作権法上での例外を除き禁じられています。インターネット、モバイル等の電子メディアにおける無断転載ならびに第三者によるスキャンやデジタル化もこれに準じます。／乱丁・落丁本はお取り替えいたしますので、小社「不良品交換係」まで着払いにてお送りください。／本書へのご意見ご感想は下記からご送信いただけます。　**https://d21.co.jp/inquiry/**

ISBN978-4-7993-3006-7
Success Is a Choice 10 Steps to Overachieving in Business and Life by Rick Pitino
©Discover21,Inc,2023, Printed in Japan.